手書きでも　デジタルでも

まとめ・発表カンペキBOOK 2

リーフレットやパンフレットで伝えよう

監修　鎌田和宏

（帝京大学教育学部初等教育学科教授）

はじめに

学校などの学習の場では必《かなら》ずある「まとめ」と「発表」。「調べたことをまとめるのが好《す》き」「発表は得意《とくい》だよ」という人はよいのですが、「どうやってまとめたら、よいのだろう？」「発表？うまくできるか緊張《きんちょう》しちゃうなぁ……」という人も多いはずです。

でも、まとめることや発表することには、大切な役割《やくわり》があります。調べたり考えたりしたことは、作品にどうまとめて、発表しようか考えることによって、十分に調べられたのか、考えられたのかがわかります。「まとめ」や「発表」は自分の学習をふり返る、とても大切な作業なのです。

そして、まとめたり発表したりすることによって、それを見た人・聞いた人が、質問《しつもん》や感想をくれるでしょう。それは新たな学びのきっかけになります。

また、まとめ方と発表の仕方にはコツがあります。まとめ方や発表のコツを知れば、楽しく、上手にできるようになりますよ。

リーフレットやパンフレットを手にとったことがありますか？　リーフレットは1まいの紙を折《お》りたたんだもの、パンフレットは数ページからできた冊子《さっし》です。学校で施設《しせつ》などへ見学に行ったときにもらった、あの資料《しりょう》です。宣伝《せんでん》や説明《せつめい》のためにつくられるリーフレットやパンフレットは、写真やイラストと短い文章を組み合わせて、ぱっと見ただけでよくわかるようにつくられています。

リーフレットやパンフレットのつくり方を学び、実際《じっさい》につくってみましょう。その体験《たいけん》が、あなたに新たな学びをもたらしてくれるはずです。

帝京大学教育学部初等教育学科教授　**鎌田《かまた》 和宏《かずひろ》**

この本に登場するキャラクターたち

ハナとジュンがまとめ方や発表の仕方にまよったとき、ツタワリンゴがポイントを教えてくれるよ。

ツタワリンゴ

読む人、聞く人にばっちり伝《つた》わるまとめ方や発表の仕方を教えてくれる、ふしぎなリンゴ。

小林ハナ

小学４年生。思いついたら、すぐ行動！　細かいことはちょっと苦手……。

小林ジュン

小学５年生。読書や絵をかくのが好き。でも、人前に出るのは苦手……。ハナの兄。

もくじ

はじめに……………………………………………………………………………… 2

1 リーフレットやパンフレットにまとめて伝《つた》えよう ………4

リーフレットとパンフレットのことを知ろう ……………………………………………4

2 伝統工芸《でんとうこうげい》のリーフレットをひとりでつくろう ………6

リーフレットをつくってみよう！ ……………………………………………………6

【ステップ 1】 計画を立てよう ……………………………………………………7

【ステップ 2】 情報《じょうほう》を集めて整理しよう ……………………………………………8

【ステップ 3】 割《わ》り付《つ》けをしよう ……………………………………………………9

【ステップ 4】 文章の組み立てを考えよう ……………………………………… 10

【ステップ 5】 文章を書こう ……………………………………………………… 11

【ステップ 6】 図や写真を入れよう ……………………………………………… 12

【ステップ 7】 リーフレットを仕上げよう ……………………………………… 12

リーフレットやパンフレット みんなの作例《さくれい》①……………………………… 14

★デジコラム★パソコンやタブレットでパラリンピック競技《きょうぎ》のリーフレットをつくろう ……… 20

リーフレットやパンフレット みんなの作例《さくれい》②……………………………… 26

3 郷土料理《きょうどりょうり》のパンフレットをみんなでつくろう……… 28

パンフレットをつくってみよう！ …………………………………………………… 28

【ステップ 1】 編集会議《へんしゅうかいぎ》を開こう ………………………………………………… 29

【ステップ 2】 担当《たんとう》する内容《ないよう》の情報《じょうほう》を集めて整理しよう ……………………… 30

【ステップ 3】 みんなで構成《こうせい》を考えよう ………………………………………… 30

【ステップ 4】 みんなで割《わ》り付《つ》けをしよう ………………………………………… 31

【ステップ 5】 担当《たんとう》ページの文章を書こう ………………………………………… 32

【ステップ 6】 図や写真を入れよう ……………………………………………… 32

【ステップ 7】 みんなでパンフレットを仕上げよう…………………………………… 33

★ステップアップ★ 本やインターネットの文章・絵・写真を使ってもいいの？ ……… 36

リーフレットやパンフレット みんなの作例《さくれい》③……………………………… 37

★ステップアップ★ 図を使って伝《つた》えよう ……………………………………… 40

★デジコラム★パソコンやタブレットで図をかこう …………………………………… 43

コピーして使えるひながた ……………………………………………………………44

さくいん…………………………………………………………………………………46

この本で紹介《しょうかい》した作例一覧《さくれいいちらん》………………………………………………………………47

リーフレット・パンフレットで……伝《つた》えよう

1

リーフレットやパンフレットにまとめて伝《つた》えよう

何かを簡単《かんたん》に説明《せつめい》したいときや、おすすめしたいものを伝《つた》えたいときは、リーフレットやパンフレットが便利《べんり》です。

授業《じゅぎょう》で、伝統工芸《でんとうこうげい》のことを
調べて、発表するんだ。
どうやってまとめれば
いいかなあ。

伝統工芸《でんとうこうげい》って
美しいものばかりだから、
写真も図も、説明《せつめい》も
入れるとよさそうだね。

それなら、リーフレットやパンフレット
にまとめるのがぴったリンゴ！
写真や図などと説明《せつめい》をうまく
組み合わせて伝《つた》えることができるよ。

リーフレットとパンフレットのことを知ろう

リーフレットやパンフレットはどんなつくりをしていて、どんな目的で使われるのでしょうか？

リーフレットとパンフレットには、どんな特徴《とくちょう》があるのでしょうか？

図や写真でわかりやすく伝《つた》える

図や写真が入っているので、情報《じょうほう》をわかりやすく、楽しく、伝《つた》えることができます。

短い文章や見出しで要点《ようてん》を伝《つた》える

短い文章と、その内容《ないよう》をまとめた見出しで、ポイントをしぼって情報《じょうほう》を伝《つた》えます。

気軽に読めて持ち運びやすい

ページ数が少ないので、気軽に読めます。持ち運びやすく、外出先で見ながら行動することもできます。

リーフレットって、どんなもの？

　リーフレットは、説明《せつめい》、宣伝《せんでん》などの情報《じょうほう》が書かれた１まいの紙を、二《ふた》つ折《お》りや三《み》つ折《お》りにしたものです。

　小さくてページ数が少ないので、ひとつのものやことがらの紹介《しょうかい》や説明《せつめい》に使われます。

紙を折《お》らないものは、
単《たん》に「ちらし」とも
いうんだって。

リーフレットの例《れい》

手話で伝えよう
おはよう
わかりました
手話で話そう
青空動物園
どうぶつたちと友だちになろう！
タイトル
表紙
中のページ（本文）

パンフレットって、どんなもの？

　パンフレットは、案内《あんない》や説明《せつめい》などの情報《じょうほう》が書かれた何まいかの紙を、冊子《さっし》の形に簡単《かんたん》にとじたものです。

　リーフレットよりページ数を増《ふ》やせるので、いくつかのものやことがらを紹介《しょうかい》したり、くわしく説明《せつめい》したりするときに使われます。

自転車屋さんで、いろいろ
な自転車がのっている
パンフレットをもらったよ！

パンフレットの例《れい》

ひとり旅フェア
ゆったりいやしの旅へ。
びん・缶・ペットボトル
燃やせるゴミ
注意！
ゴミの分別
ガイドブック
タイトル
中のページ（本文）
表紙

リーフレット・パンフレットで伝《つた》えよう 2

伝統工芸《でんとうこうげい》の リーフレットをつくろう

ひとりで

ハナは、伝統工芸《でんとうこうげい》について調べて、わかったことをリーフレットにまとめることにしました。まとめ方をいっしょに見てみましょう。

リーフレットをつくってみよう！

授業《じゅぎょう》で習ったり調べたりして、人に伝《つた》えたいことを、文章と絵や写真などを組み合わせて、リーフレットにまとめてみましょう。

リーフレットの例《れい》

3ページ目　2ページ目

切子ガラス

うら面

1ページ目
(表紙)

4ページ目
(うら表紙)

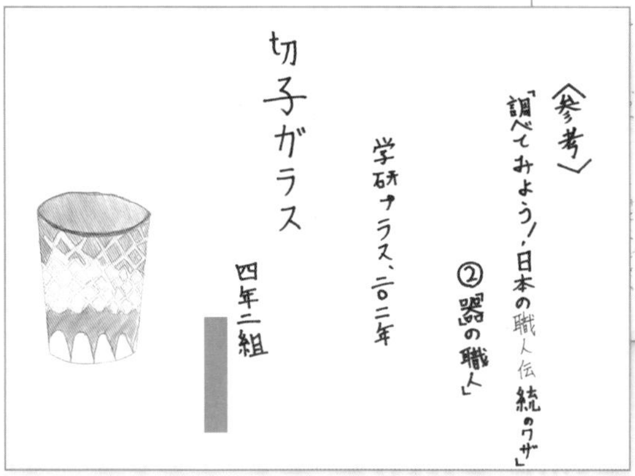

〈参考〉
「調べてみよう！日本の職人伝統のワザ」
②「器の職人」
学研プラス、二〇二年
切子ガラス
四年二組

表面

こんなふうに進めてみよう！

- ステップ1　計画を立てる
- ステップ2　情報《じょうほう》を集めて整理する
- ステップ3　割《わ》り付《つ》けをする
- ステップ4　文章の組み立てを考える
- ステップ5　文章を書く
- ステップ6　図や写真を入れる
- ステップ7　リーフレットを仕上げる

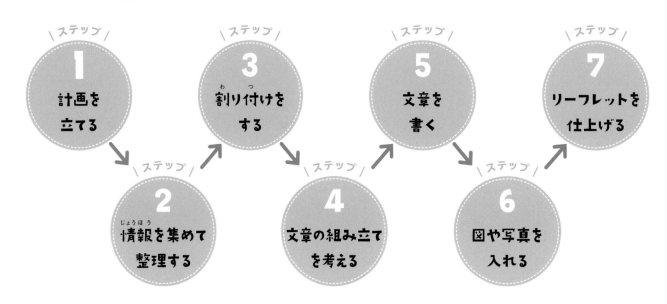

ステップ 1

計画を立てよう

最初《さいしょ》に、調べることや調べ方などを考えて、メモに書いておきましょう。

伝統工芸《でんとうこうげい》は、国や民族《みんぞく》、地域《ちいき》で長年受けつがれてきた、実用性《じつようせい》と芸術性《げいじゅつせい》のある製品《せいひん》をつくる技術《ぎじゅつ》のことなんだって。わたしは、去年鹿児島旅行《かごしまりょこう》したときに見た、大島つむぎを調べることにしたよ！

どの伝統工芸《でんとうこうげい》を調べる？

自分が住んでいる地域《ちいき》でつくられている伝統工芸《でんとうこうげい》を選《えら》んでもいいし、伝統工芸《でんとうこうげい》がたくさんのっている本を見て、気になるものを選《えら》んでもいいですね。

だれに何を伝《つた》えたい？

選《えら》んだ伝統工芸《でんとうこうげい》のどんなところを、だれに伝《つた》えたいかを考えましょう。伝《つた》える相手を考えて、文章の内容《ないよう》や、組み合わせる写真や絵も決めていきます。

何をどうやって調《しら》べる？

伝統工芸《でんとうこうげい》の歴史《れきし》を調べるなら本や資料《しりょう》を読む、つくり方を調べるなら、工房《こうぼう》を見学するなど、知りたいことに合った調べ方を考えましょう。

ハナがつくった計画メモ

（伝とう工芸のリーフレット）の計画メモ

4 年 1 組 小林 ハナ

テーマ	本場大島つむぎのよいところ
調べること ・ 調べる方法《ほうほう》	・大島つむぎとはどんな伝とう工芸か →図書館の本 地図帳 民芸品店へインタビュー ・奄美大島はどんな場所か →図書館の本 地図帳 インターネット ・大島つむぎの使いやすさ →インターネット パンフレット 民芸品店へインタビュー
伝《つた》える相手	クラスのみんな
ページ数	4

気をつけて！失敗《しっぱい》あるある

何を調べるかを決めずに、「大島つむぎ」をインターネットで検索《けんさく》したんだ。いろいろな情報《じょうほう》が出てきて、リーフレットにどうまとめればいいか、わからなくなってしまったよ……。

調べることをしぼりこんでおけば、よかったな。

1 巻の終わりにある計画メモのひながたを、先生にコピーしてもらって使いましょう。この本の 45 ページにある URL《ユーアールエル》からは、パソコンやタブレットで使える PDF《ピーディーエフ》データのダウンロードもできます。

ステップ 2

情報《じょうほう》を集めて整理しよう

立てた計画をもとに、実際《じっさい》に調べて情報《じょうほう》を集めてみましょう。わかったことは、情報整理《じょうほうせいり》カードに1つずつメモしておきましょう。

1巻の終わりにある情報《じょうほう》整理《せいり》カードのひながたを、先生にコピーしてもらって使いましょう。この本の45ページにあるURL《ユーアールエル》からは、パソコンやタブレットで使えるPDF《ピーディーエフ》データのダウンロードもできます。

本や資料《しりょう》で調べる

本や資料《しりょう》で、選《えら》んだ伝統工芸《でんとうこうげい》について調べてみましょう。図書館や郷《きょう》土資料館《どしりょうかん》などの施設《しせつ》にある本や、観《かん》光案内所《こうあんないじょ》などでもらえる資料《しりょう》も見てみるとよいでしょう。

インターネットで調べる

伝統工芸《でんとうこうげい》の名前や、つくられている地域名《ちいきめい》で検索《けんさく》してみましょう。観《かん》光協会《こうきょうかい》など、信頼《しんらい》できるホームページで調べることが大切です。

見学する・話を聞く

伝統工芸《でんとうこうげい》をつくっているところや売っているお店に行って、つくる様子を自分の目で見たり、話を聞いたりすると、新しい発見があります。

調べた本や
ホームページは
必《かなら》ずメモを
とっておこう。

ハナの情報整理《じょうほうせいり》カードのうちの一部

情報整理《じょうほうせいり》カード　わかったこと　奄美大島の場所

（ 1 ）まい目　　記事に （する）・ しない

内容《ないよう》	調《しら》べ方・資料《しりょう》
・鹿児島県の南にある ・奄美諸島のいちばん北 ・鹿児島県とのきょりは約380km	「キッズ地理事典」 （ハコヤナギ出版） 地図帳

4年　1組　小林ハナ

情報整理《じょうほうせいり》カード　わかったこと　大島つむぎはどんな伝とう工芸か

（ 3 ）まい目　　記事に （する）・ しない

内容《ないよう》	調《しら》べ方・資料《しりょう》
・材料　きぬ糸 ・作り方 ① もようを考える ② テーチ木の皮をきざんでにたえきで糸をそめる ③ どろで糸をそめる ④ ②と③をくり返す ⑤ 手織り用の機械で織る →奄美大島の自然を生かしている	「奄美大島パンフレット」 「小学生百科事典」 （ポップ書店） 「大島紬のひみつ」 https://xxx.xxxxx.jp 民芸品店「しまや」の島さん

3 大島つむぎをおるところ
観光パンフレットより

ふせんに、何の写真か書いてはっておく。

ステップ 3

割《わ》り付《つ》けをしよう

割《わ》り付《つ》けは、文章や写真を紙のどこに置《お》くかを決めることです。たて書きか横書きかによって、つくりが変《か》わるので気をつけましょう。表紙のデザインも考えておきます。

たて書きの割《わ》り付《つ》け例《れい》

1ページ目（表紙）　4ページ目（うら表紙）

表面（折《お》ったとき外側《そとがわ》になる面）

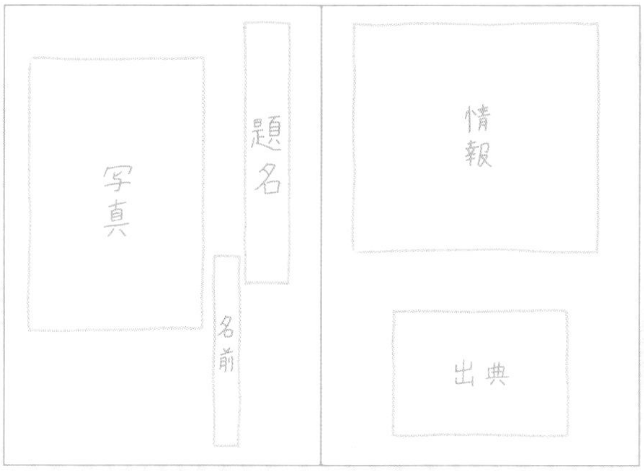

3ページ目　2ページ目

うら面（折《お》ったとき内側《うちがわ》になる面）

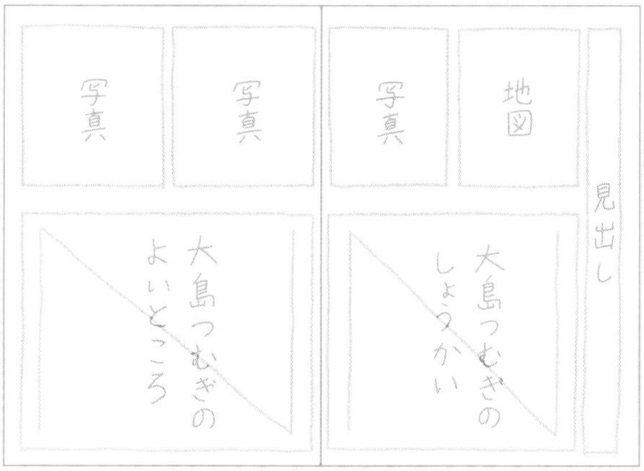

横書きの割《わ》り付《つ》け例《れい》

4ページ目（うら表紙）　1ページめ（表紙）

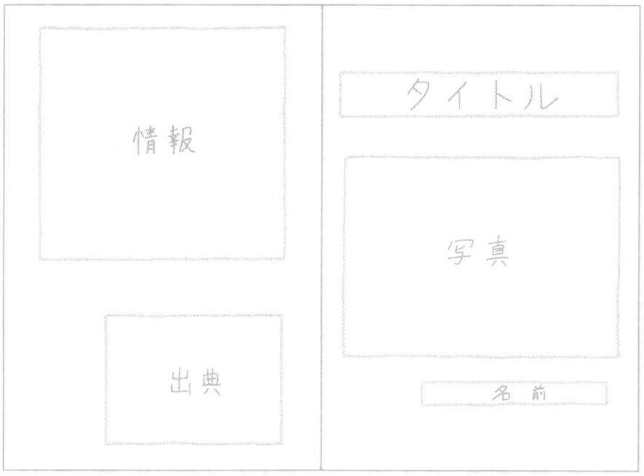

2ページ目　3ページ目

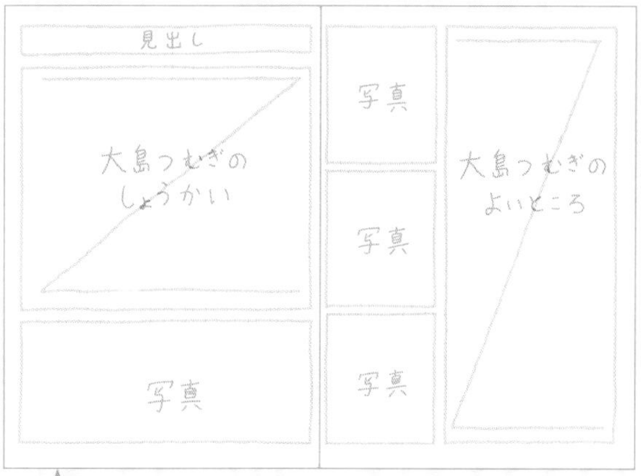

この本の44ページにある割《わ》り付《つ》け用紙《ようし》のひながたを、先生にコピーしてもらって使いましょう。45ページにあるURL《ユーアールエル》からは、パソコンやタブレットで使えるPDF《ピーディーエフ》データのダウンロードもできます。

たて書きは、国語の教科書と同じで、右に開くね！わたしは、たて書きのリーフレットにしようっと！

横書きだと、算数の教科書と同じで、左に開くんだ！

ステップ 4

文章の組み立てを考えよう

リーフレットの2、3ページ目には、本文が入ります。本文の中で、伝統工芸《でんとうこうげい》の特色《とくしょく》や魅力《みりょく》をどんな順序《じゅんじょ》で説明《せつめい》したらわかりやすいか、組み立てを考えてみましょう。

文章は、全体を「初《はじ》め・中・終わり」の3つに分けて書くと、読んだ人によく伝《つた》わリンゴ！使う写真や絵もメモしておこう。

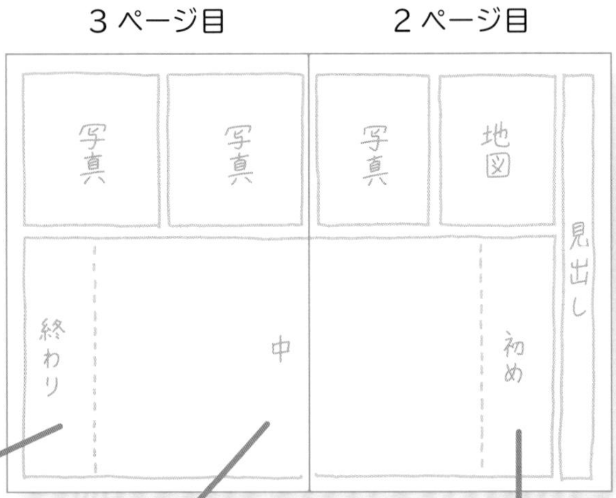

	内よう	図や写真
初め	大島つむぎの説明 奄美大島の説明	奄美大島の地図
中	特色　島の自然を生かしている 特色の理由　奄美大島にはえているテーチ木とどろでそめられる よいところ　①じょうぶ　②軽くて着やすい よいところの理由　①テーチ木とどろでくり返しそめられる　②平織りでおられる	テーチ木の写真 どろでそめる様子の写真 おる様子の写真
終わり	まとめ	

ハナが考えた組み立て

気をつけて！ 失敗《しっぱい》あるある

伝統工芸《でんとうこうげい》のことを調べてわかったことを全部書いたら、ページが足りなくなっちゃった……。

まず、いちばん伝《つた》えたいことは何かを決めて、それを説明《せつめい》するために必要《ひつよう》な情報《じょうほう》を選《えら》んで、組み立てを考えるようにしよう。

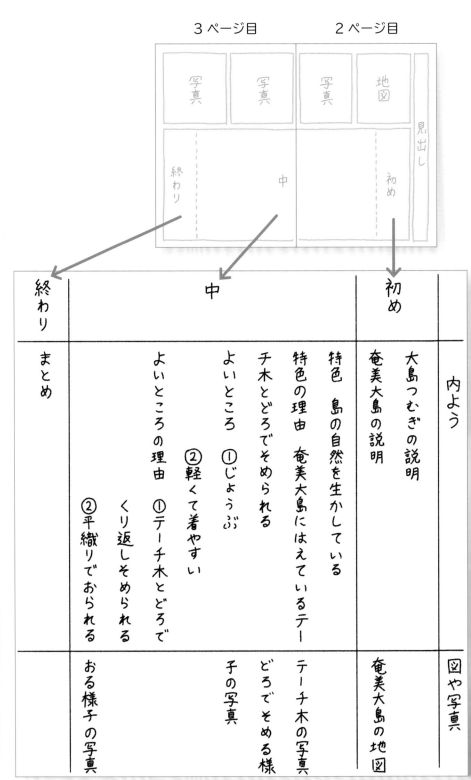

ステップ 5

文章を書こう

今度は、考えた組み立てに合わせて、割《わ》り付《つ》け用紙《ようし》に説明《せつめい》の文章を鉛筆《えんぴつ》で下書きします。その伝統工芸《でんとうこうげい》を知らない人にも伝《つた》わるかを考えながら書いてみましょう。

「初《はじ》め」と「中」の前半の文章の例《れい》

初《はじ》め

大島つむぎは、鹿児島県の奄美大島でつくられるおりものです。大島つむぎのよいところをしょうかいします。大島つむぎがつくられる奄美大島は、鹿児島県の南の海にあります（地図）。あたたかくて、自然の豊かな島です。

中

大島つむぎは、奄美大島の自然がつくりだしました。なぜなら大島つむぎのこげ茶色は、島にはえているテーチ木（写真①）という植物の皮と島のどろから生まれるからです。

理由を書く

よさの理由も必《かなら》ず書きましょう。そのとき、「その理由は、～からです」「なぜなら、～だからです」のように書くと、わかりやすくなります。

資料《しりょう》との対応《たいおう》を示《しめ》す

地図や写真などの資料《しりょう》をつけるときは、文章の中に資料《しりょう》の名前や番号を入れておきましょう。どの資料《しりょう》を見ればよいかがわかります。

わかりやすい言葉で書く

説明《せつめい》しているもののことを知らない人が読んでも内容《ないよう》が伝《つた》わるように、わかりにくい言葉がないか気をつけましょう。

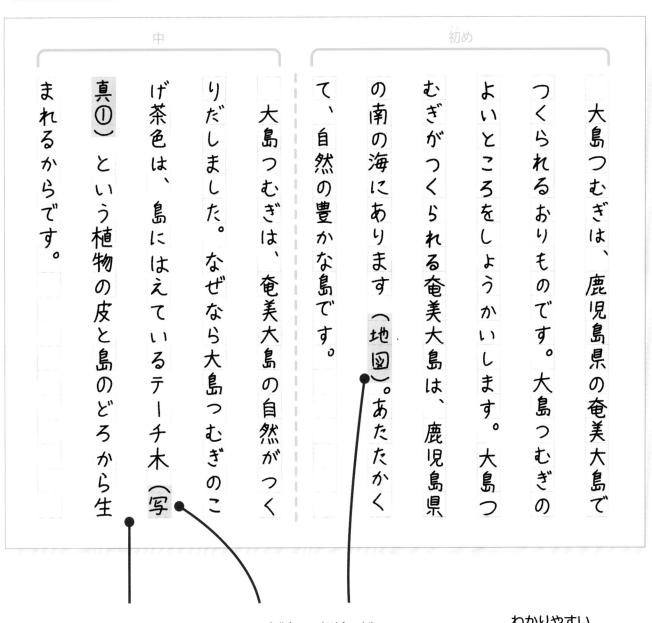

ステップ 6

図や写真を入れよう

言葉だけで説明《せつめい》するより写真や図を入れることで、内容《ないよう》が読んだ人により伝《つた》わります。

「テーチ木」って、見たことがないけど、写真があるとどんな木かわかるね！
でしょ！

ステップ 7

リーフレットを仕上げよう

仕上げる前に、説明《せつめい》の文章やタイトル、図・写真にまちがいがないか、よく読んで確認《かくにん》しましょう。これを校正といいます。校正がすんだら、ペンで清書《せいしょ》をします。

また、 表紙づくりも大切です。中に書いてある内《ない》容《よう》がわかり、つい開きたくなるような表紙を目指しましょう！

表とうらを別《べつ》の紙でつくったときは、2まいの紙をはって真ん中で折《お》れば、できあがるリンゴ！

できあがり！

何についてのリーフレットかがわかりやすいように、表紙には伝統工芸《でんとうこうげい》の名前を大きく入れて、絵をかいたよ。

うら表紙には、リーフレットを読んで興味《きょうみ》をもった人がたずねて行けるように、伝統工芸《でんとうこうげい》を見られる施《し》設《せつ》をのせたんだ！

参考《さんこう》にした本や資料《しりょう》、ホームページを書いておくのも大切だよね。

本文の前に見出しも入れてみたんだ。

地図・図・写真のそばには、短い説明《せつめい》を入れてみたよ。

大島つむぎの魅力《みりょく》を、うまく伝《つた》えられたかな。

1ページ目（表紙）

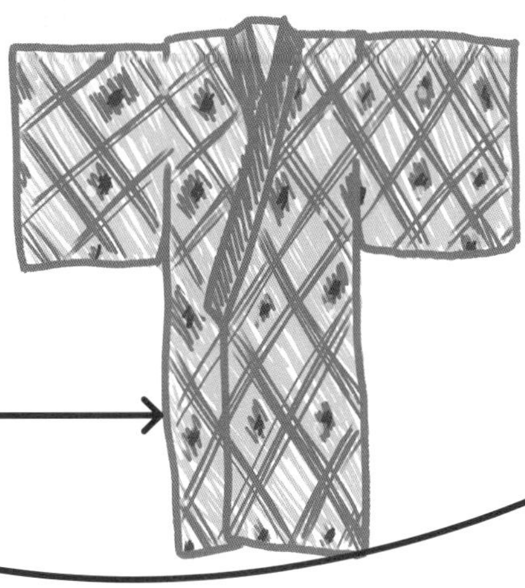

四年一組　小林ハナ

4ページ目（うら表紙）

（伝統工芸の見学・体験しせつ）
××伝統工芸館
××市×××町×××××××××
伝統工芸体験工房
××市×××町×××××××××

（参考）
「キッズ地理事典」（ハコヤナギ出版）二〇二十年
「小学生百科事典」（ポップ書店）二〇二二年
「奄美大島パンフレット」
「奄美大島にようこそ」https://xxx.xxxxx.jp
「大島紬のひみつ」https://xxx.xxxxx.jp

3ページ目

2ページ目

大島つむぎ

奄美大島の自然がつくりだしたきぬおりもの

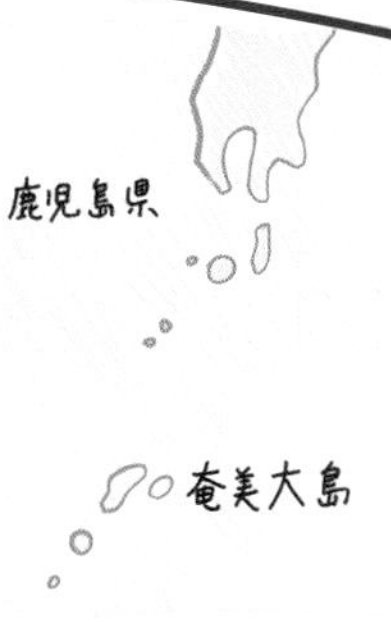

地図　奄美大島の場所

写真①　テーチ木

写真②　どろでそめているところ

写真③　大島つむぎをおっているとこ

　大島つむぎは、鹿児島県の奄美大島でつくられるおりものです。大島つむぎのよいところをしょうかいします。大島つむぎがつくられる奄美大島は、鹿児島県の南の海にあります（地図）。あたたかくて、自然の豊かな島です。

　大島つむぎは、奄美大島の自然がつくりだしました。なぜなら、大島つむぎのこげ茶色は、島にはえているテーチ木（写真①）という植物の皮と島のどろから生まれるからです。

　大島つむぎのよさを二つあげます。一つ目は、とてもじょうぶで、何十年も着られることです。二つ目は、軽くて着やすいことです。

　じょうぶなのは、テーチ木の皮をにたえきでそめたあと、さらに、どろで糸をそめているからだそうです（写真②）。軽いのは、たて糸とよこ糸を交ごにおっていく平織りという方法で布を織っているからだそうです（写真③）。

　そして、着やすくてじょうぶな大島つむぎは、今も多くの人に愛されています。

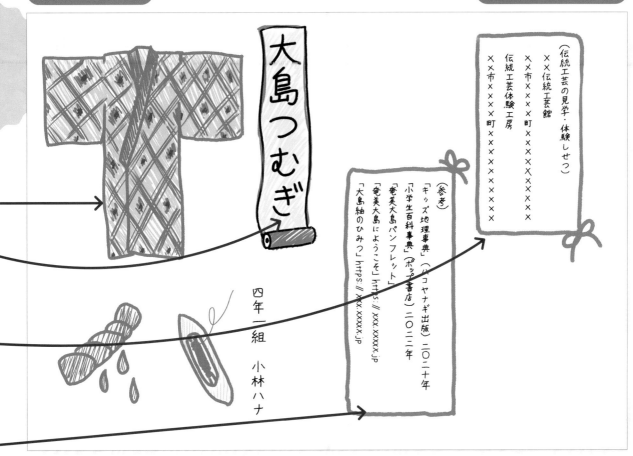

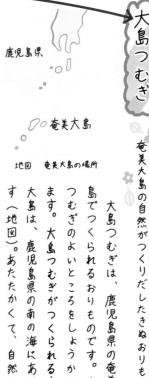

リーフレットや
パンフレット
みんなの作例《さくれい》①

切子《きりこ》ガラスについて わかったことを紹介《しょうかい》するよ！

テーマ「日本の伝統工芸《でんとうこうげい》」／4年生／A《エー》3

二《ふた》つ折《お》りにしたところ。

1ページ目　　4ページ目

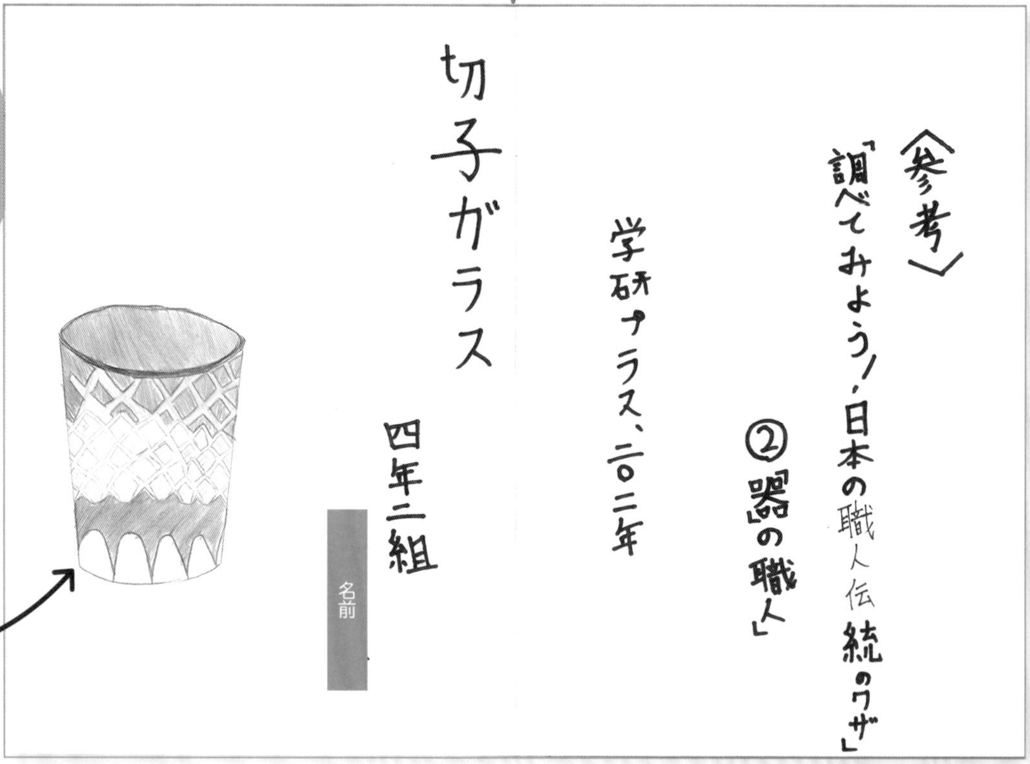

切子ガラス

四年二組

名前

〈参考〉
「調べてみよう！日本の職人伝統のワザ」
②「器の職人」
学研プラス、二〇二一年

表紙には、切子ガラスでつくられたコップの絵がとてもていねいにかいてあるよ。

3ページ目　　2ページ目

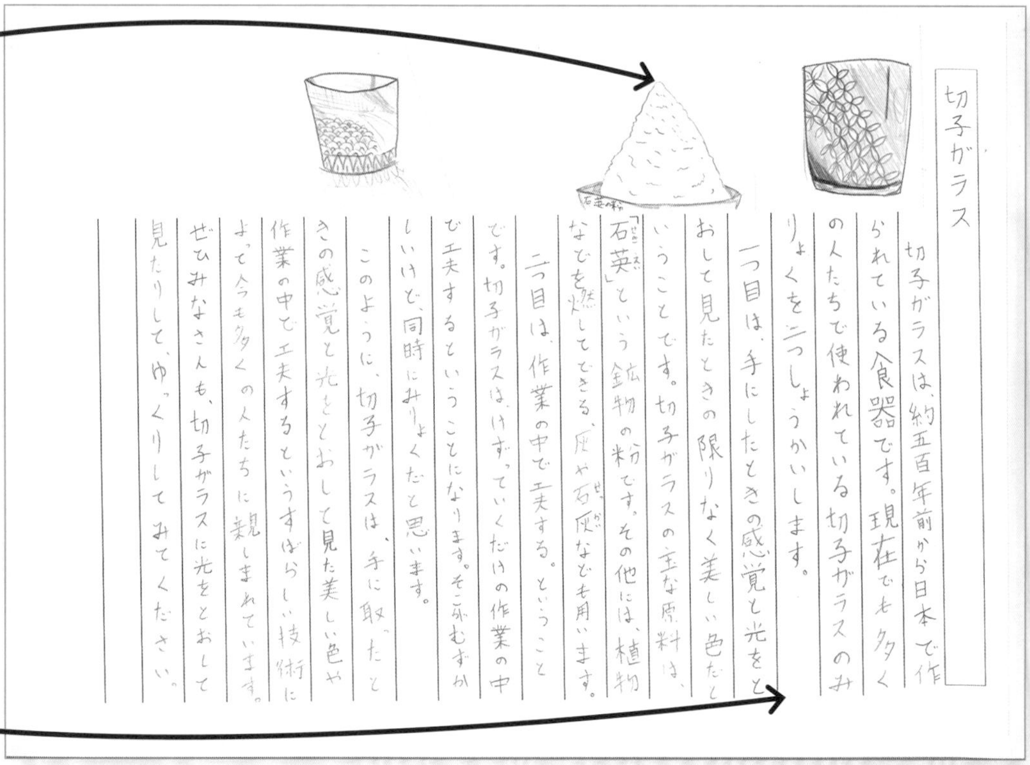

切子ガラス

切子ガラスは、約五百年前から日本で作られている食器です。現在でも多くの人たちで使われている切子ガラスのみりょくを二つしょうかいします。

一つ目は、手にしたときの感覚と光をとおして見たときの限りなく美しい色だということです。切子ガラスの主な原料は、「石英《せきえい》」という鉱物の粉です。その他には、植物などを燃してできる、灰や石灰なども用います。

二つ目は、作業の中で工夫する。ということです。切子ガラスは、けずっていくだけの作業の中で工夫するということになります。そこがむずかしいけど、同時にみりょくだと思います。

このように、切子ガラスは、手に取ったときの感覚と光をとおして見た美しい色や作業の中で工夫するというすばらしい技術によって今も多くの人たちに親しまれています。

ぜひみなさんも、切子ガラスに光をとおして見たりして、ゆっくりしてみてください。

切子《きりこ》ガラスの原料《げんりょう》になる石英《せきえい》がどんなものなのかを絵といっしょに説明《せつめい》しているから、わかりやすいね。

「みりょくを二つしょうかいします」「一つ目は…」「二つ目は…」という書き方で、わかりやすく説明しているよ。

左官《さかん》の仕事についてわかったことを紹介《しょうかい》するよ！

テーマ「日本の伝統《でんとう》の技《わざ》」／4年生／A《エー》3

このふたつのリーフレットは、少しあつい紙に表紙とうら表紙をかいて、そのうら側《がわ》に、本文を書いた紙をはっているんだよ。

1ページ目

4ページ目

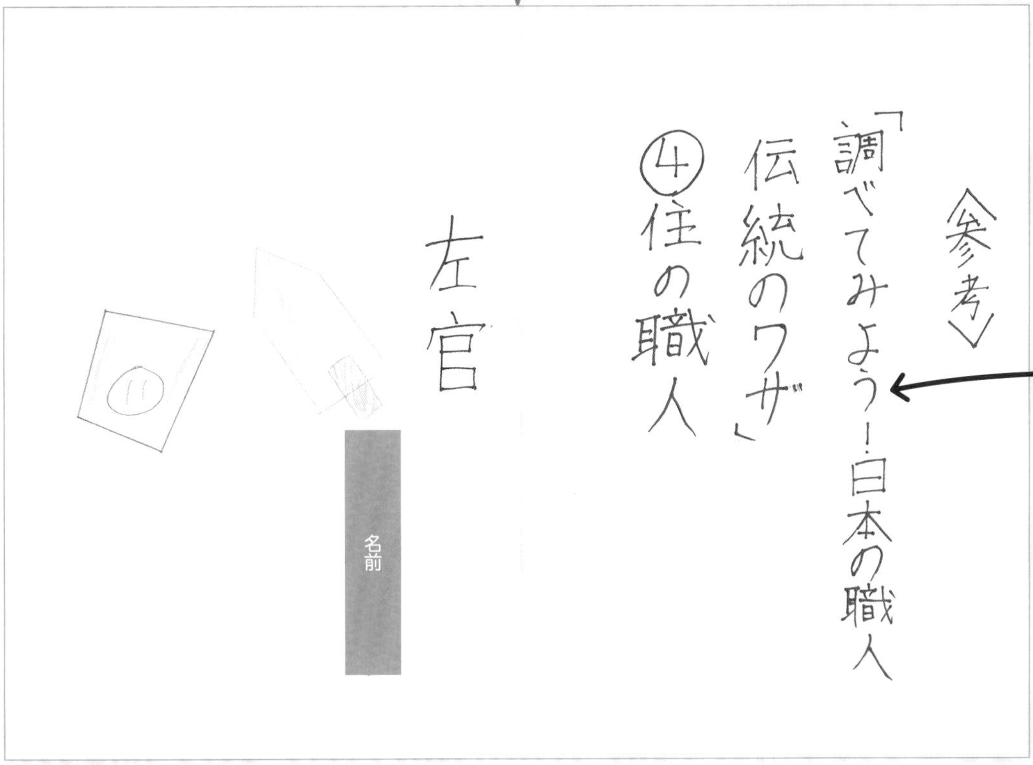
〈参考〉
「調べてみよう！日本の職人
伝統のワザ」
④住の職人

左官

名前

うら表紙に、参考《さんこう》にした本をのせているよ。リーフレットを読んだ人にも役に立つね。

3ページ目

2ページ目

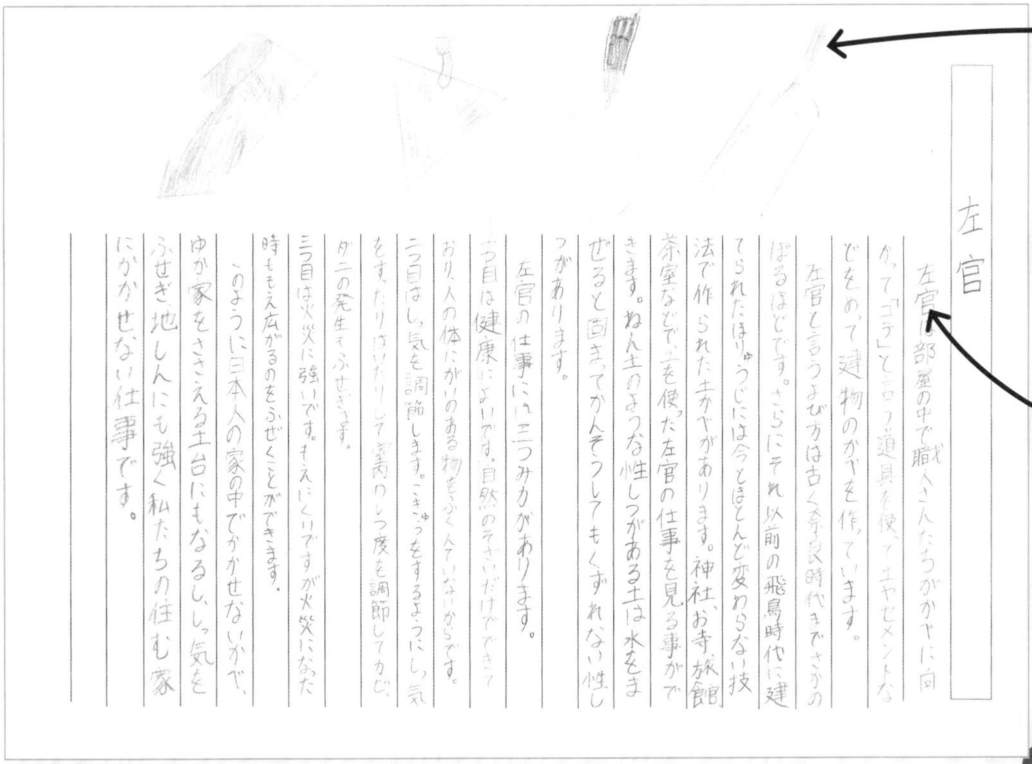
左官

左官は部屋の中で職人さんたちがかべに向かって「コテ」と言う道具を使って土やセメントなどをぬって建物のかべを作っています。

左官と言うよび方は古く奈良時代までさかのぼるほどです。さらにそれ以前の飛鳥時代に建てられたほりゅうじには今とほとんど変わらない技法で作られた土かべがあります。神社、お寺旅館茶室などで土を使った左官の仕事を見る事ができます。ねん土のような性しつがある土は水をまぜると固まってかんそうしてもくずれない性しつがあります。

左官の仕事には三つみ力があります。

一つ目は健康によいです。自然のそざいだけでできており人の体にがいのある物をふくんでいないからです。

二つ目はしっ気を調節します。こきゅうをするようにしっ気をすったりはいたりして室内のしつ度を調節してかび、ダニの発生もふせぎます。

三つ目は火災に強いです。もえにくいですが火災になった時ももえ広がるのをふせぐことができます。

このように日本人の家の中でかかせないかべで、ゆか家をささえる土台にもなるし、しっ気をふせぎ地しんにも強く私たちの住む家にかかせない仕事です。

左官《さかん》の職人《しょくにん》さんたちが使うコテを、絵で紹介《しょうかい》しているよ。いろいろな種《しゅ》類《るい》があることがわかるね。

最初《さいしょ》の段落《だんらく》では、左官《さかん》の仕事の内容《ないよう》や歴史《れきし》を、とてもわかりやすく説明《せつめい》しているね。

日本各地《にっぽんかくち》の伝統工芸品《でんとうこうげいひん》について リーフレットにまとめたよ！

テーマ「日本の伝統工芸《でんとうこうげい》」／４年生／A《エー》3

ふたりの子が、
伝統工芸品《でんとうこうげいひん》について
ちらし風にまとめたよ。
白い紙に本文を
書いて、青い台紙に
はっているんだね。

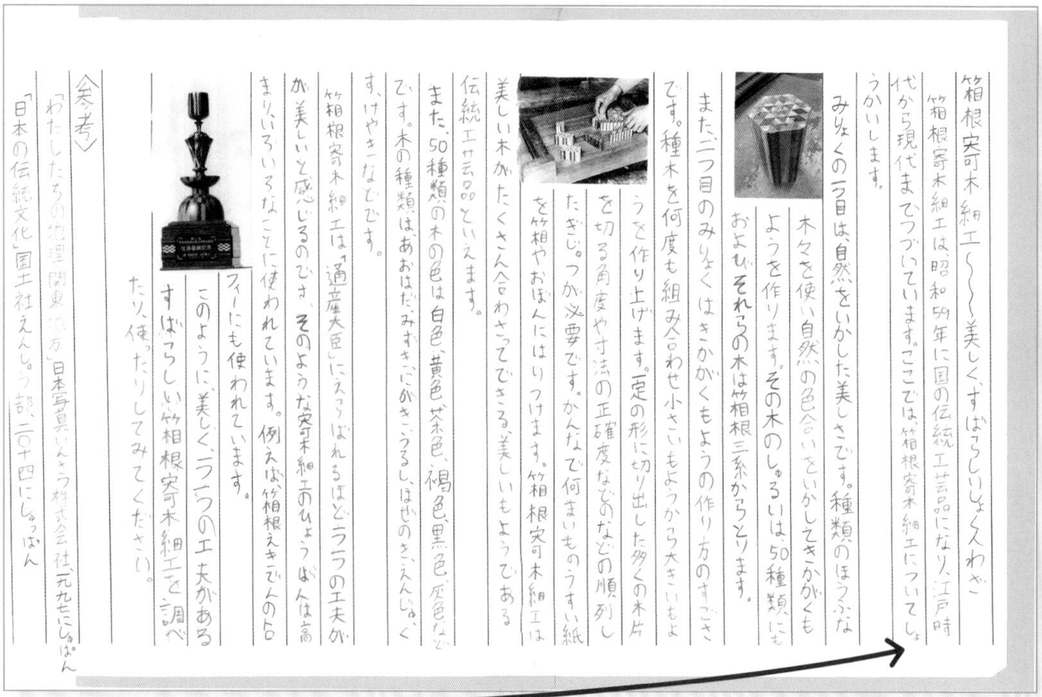

最初《さいしょ》に、これから
紹介《しょうかい》するもののお
おまかな説明《せつめい》があ
るので、わかりや
すいね。

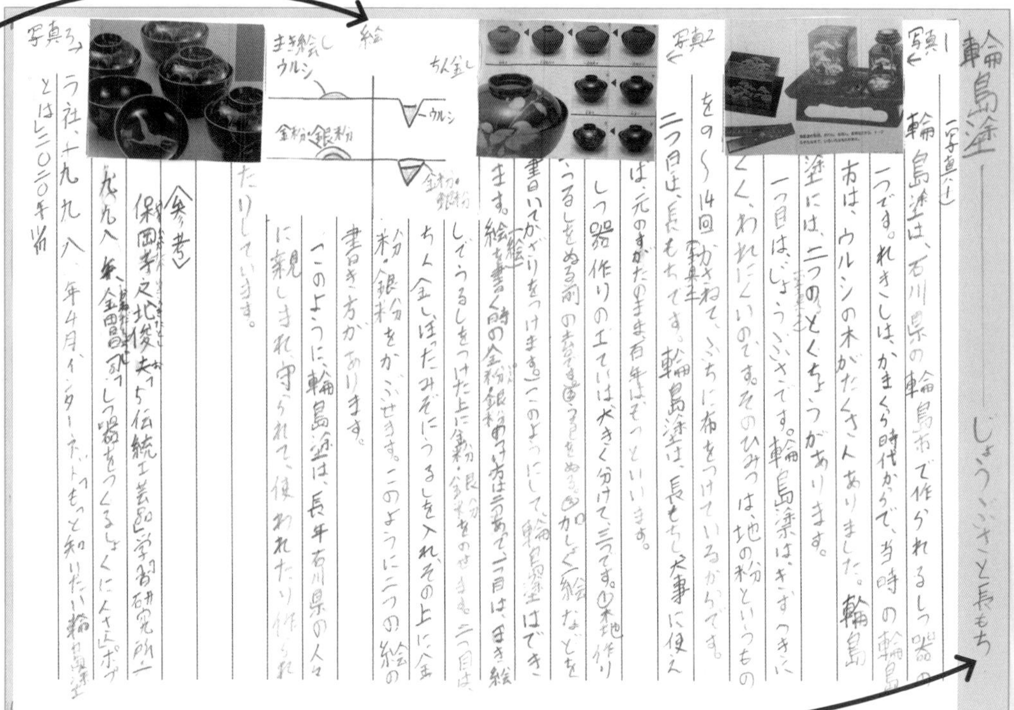

文章だけでは伝《つた》え
るのがむずかしい
内容《ないよう》も、図や絵で
説明《せつめい》されていると
理解《りかい》しやすいね。

見出しに「サブタ
イトル」がついて
いるので、その工《こう》
芸品《げいひん》の特徴《とくちょう》がすぐ
にわかるね。

地元でつくられる練馬大根《ねりまだいこん》の魅力《みりょく》をみんなに伝《つた》えるよ！

テーマ「練馬大根《ねりまだいこん》」／3年生／画用紙八切

こちらは、三《み》つ折《お》りのリーフレットなんだね。

【表面】　②　⑥（うら表紙）　①（表紙）

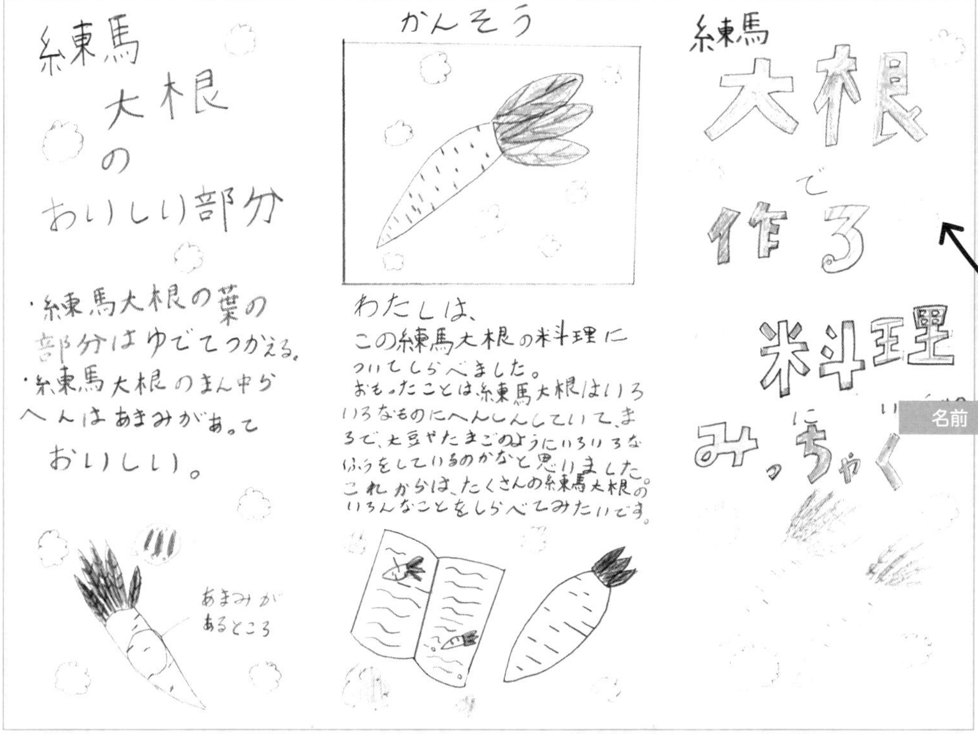
練馬
大根
の
おいしい部分
・練馬大根の葉の部分はゆでてつかえる。
・練馬大根のまん中らへんはあまみがあっておいしい。
あまみがあるところ
かんそう
わたしは、
この練馬大根の料理についてしらべました。
おもったことは練馬大根はいろいろなものにへんしんしていて、まるで、大豆やたまごのようにいろいろなふうをしているのかなと思いました。
これからは、たくさんの練馬大根のいろんなことをしらべてみたいです。
練馬
大根
で
作る
料理
みっちゃく
名前

表紙の題名は、色《いろ》鉛筆《えんぴつ》でぬってあって、とても楽しいリーフレットになっているね。

【うら面】　③　④　⑤

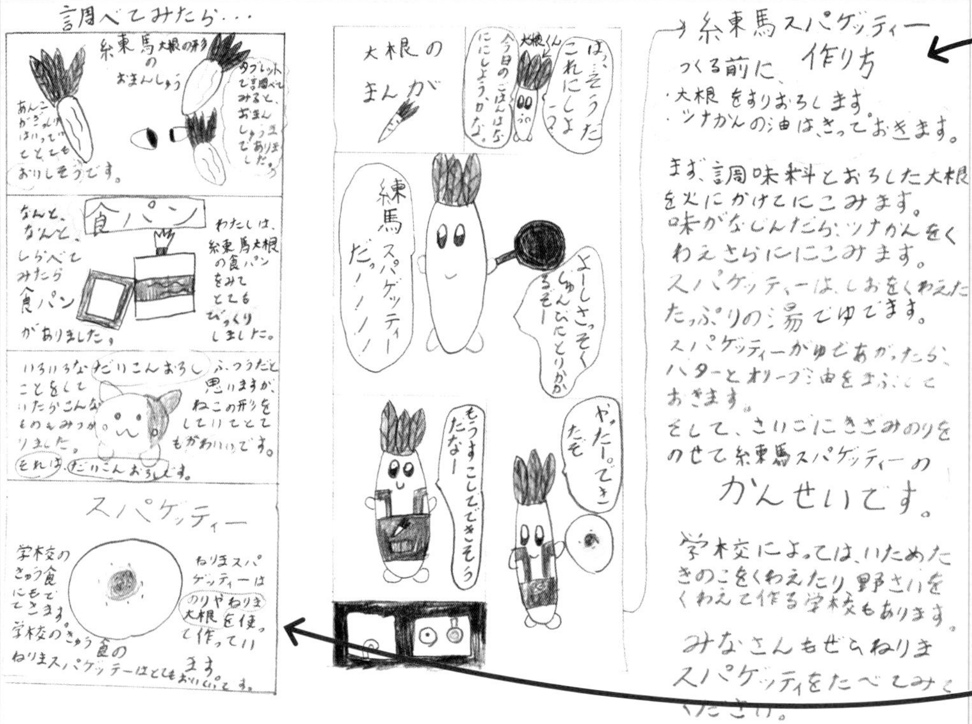
調べてみたら…
練馬大根の形のおまんじゅう
あんこがごっそりはいってとてもおいしそうです。
タブレットで調べてみると、おまんじゅうでありました。
なんと、なんと、
食パン
しらべてみたら食パンがありました。
わたしは、練馬大根の食パンをみてとてもびっくりしました。
いろいろなことをしていたらこんなものもみつかりました。
だいこんおろし
ふつうだと思いますが、ねこの形をしていてとてもかわいいです。
それは、だいこんおろしです。
スパゲッティー
学校のきゅう食にもでてきます。
ねりまスパゲッティーはのりやねりま大根を使って作っています
学校のきゅう食のねりまスパゲッテーはとてもおいしいです。
大根のまんが
今日のごはんはなににしようかな。
大根くん
はっ、そうだこれにしよーっ
練馬スパゲッティーだっ!!!
よーしさっそくじゅんびにとりかかるぞー
もうすこしでできそうだなー
やったー。できたぞ
→練馬スパゲッティー
作り方
つくる前に、
・大根をすりおろします。
・ツナかんの油はきっておきます。
まず、調味料とおろした大根を火にかけてにこみます。
味がなじんだら、ツナかんをくわえさらににこみます。
スパゲッティーは、しおをくわえたたっぷりの湯でゆでます。
スパゲッティーがゆであがったら、バターとオリーブ油をまぶしておきます。
そして、さいごにきざみのりをのせて練馬スパゲッティーのかんせいです。
学校によっては、いためたきのこをくわえたり野さいをくわえて作る学校もあります。
みなさんもぜひねりまスパゲッティをたべてみてください。

練馬大根《ねりまだいこん》を使った料理のつくり方を順序立《じゅんじょだ》てて説明しているね。

かわいい絵や、まんがが入っていると、読みたくなるよね。

海の環境《かんきょう》と人間の生活の関係《かんけい》をリーフレットにまとめたよ！

テーマ「海とわたしたち」／５年生／A4《エー》

【表面】　②　⑥（うら表紙）　①（表紙）

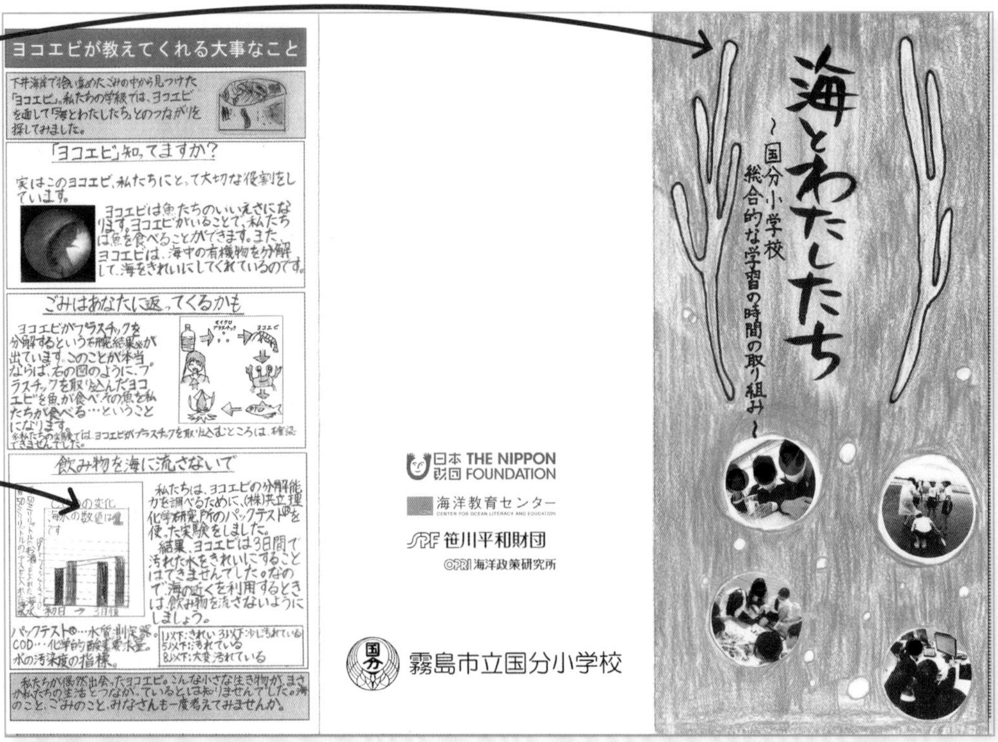

海をイメージした絵と、日常《にちじょう》を写した写真を組み合わせて、読んでみたくなる表紙にしたんだね。

ヨコエビがプラスチックを分解《ぶんかい》する能力《のうりょく》を実験《じっけん》で調べているよ。結果《けっか》がグラフにまとめられているから、わかりやすいね。

【うら面】　③　④　⑤

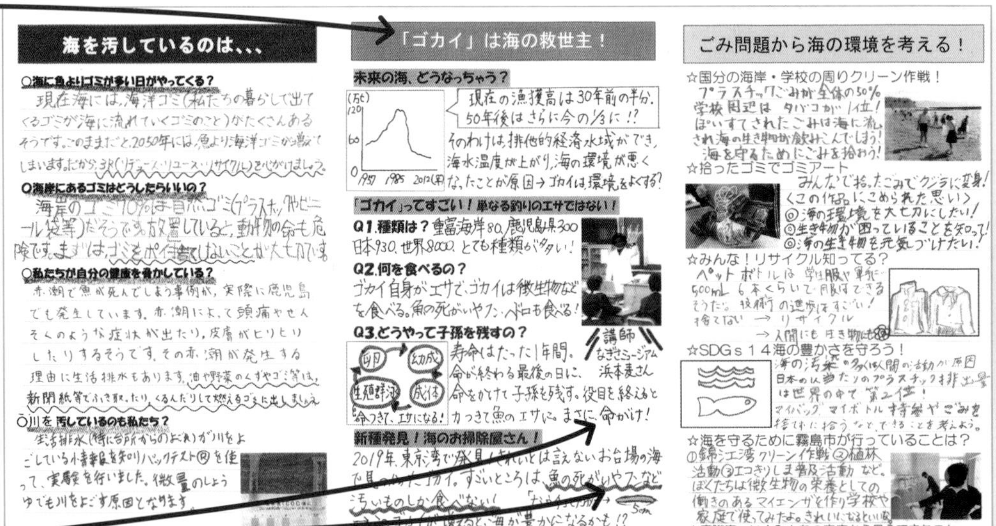

見出しに「救世《きゅうせい》主《しゅ》！」などの目を引く言葉を使うことで、読む人の興《きょう》味《み》をかきたてているね。

文字の色を変《か》えたり、下線を引いたりして、重要《じゅうよう》なところがひとめでわかるようになっているね。

笹川平和財団の「海洋教育パイオニアスクールプログラム」の協力でつくられたリーフレットです。

このふたつのリーフレットは印刷《いんさつ》して、配ったそうだよ。

【表面】　②　⑥（うら表紙）　①（表紙）

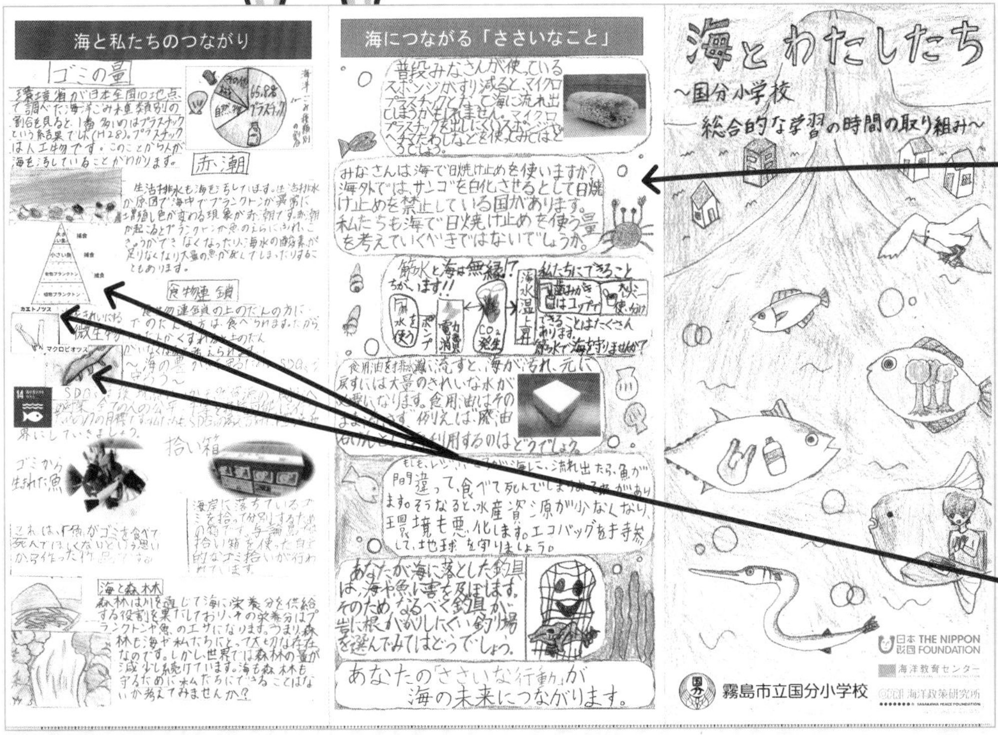

背景《はいけい》にかわいい絵をかくことで、「環境問題《かんきょうもんだい》」というむずかしいテーマでも親しみが感じられるね。

図や写真がたくさんあるので、聞きなれない言葉があっても理解《りかい》しやすいね。

【うら面】　③　④　⑤

身近な例《れい》を挙《あ》げることで、読み終わった人もすぐに環境《かんきょう》に対する取り組みができるようにしているね。

笹川平和財団の「海洋教育パイオニアスクールプログラム」の協力でつくられたリーフレットです。

デジコラム

パソコンやタブレットでパラリンピック競技《きょうぎ》のリーフレットをつくろう

パソコンやタブレットで、リーフレットをつくってみましょう。
リーフレットをつくることができるアプリケーションはいくつかありますが、ここではGoogle《グーグル》スライドを使った方法《ほうほう》と、Microsoft《マイクロソフト》 PowerPoint《パワーポイント》を使った方法《ほうほう》を紹介《しょうかい》します。

Google《グーグル》スライドでつくってみよう

Google《グーグル》スライドは、オンラインで資料《しりょう》などをつくるためのアプリケーションです。文章は横書きで入れます。

パソコンやタブレットなら、写真や図の移動《いどう》、文章の書き直しも、簡単《かんたん》にできるよ。

Google《グーグル》スライドでつくるなら、文章が横書きで入るから、左開きのリーフレットになるね。

1 計画を立てて情報《じょうほう》を集める

この本の7～10ページを参考《さんこう》に、どんなリーフレットをつくるかを考えましょう。それにそって調べ、割《わ》り付《つ》けや文章の組み立てを考えておきましょう。

2 新しいスライドを開く

スライドは、資料《しりょう》をつくるためのファイルのことです。

Google《グーグル》スライドを立ち上げたら、「空白」を選《えら》んで、新しいスライドをつくりましょう。そのあと、ページの大きさを設定《せってい》します。印刷《いんさつ》する紙の大きさによって、次の数字を入れましょう。

A4《エー》の紙に印刷《いんさつ》するとき　29.7 × 21（㎝）
B5《ビー》の紙に印刷《いんさつ》するとき　25.7 × 18.2（㎝）

●画面左上の「ファイル」→「ページ設定《せってい》」から、ページの大きさを決める。

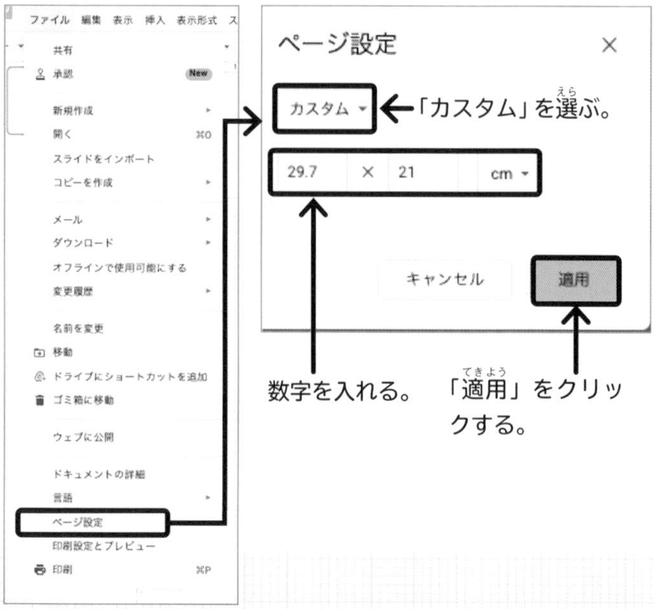
ファイル　編集　表示　挿入　表示形式　ス
共有
承認　New
新規作成
開く　⌘O
スライドをインポート
コピーを作成
メール
ダウンロード
オフラインで使用可能にする
変更履歴
名前を変更
移動
ドライブにショートカットを追加
ゴミ箱に移動
ウェブに公開
ドキュメントの詳細
言語
ページ設定
印刷設定とプレビュー
印刷　⌘P
ページ設定
カスタム
29.7　×　21　cm
キャンセル
適用
「カスタム」を選《えら》ぶ。
数字を入れる。
「適用《てきよう》」をクリックする。

デジヒント ガイドを使ってみよう

「ガイド」は、スライドの上下左右の中央に引かれる線のことです。ガイドに重ならないように文章や写真などを入れれば、最後《さいご》に二《ふた》つ折《お》りにしたときにも折《お》り目《め》に重なりません。

画面左上の「表示《ひょうじ》」から「ガイド」→「ガイドを表示《ひょうじ》」を選《えら》ぶと、上下左右の中心に線が表示《ひょうじ》されます。この線は印刷《いんさつ》されません。

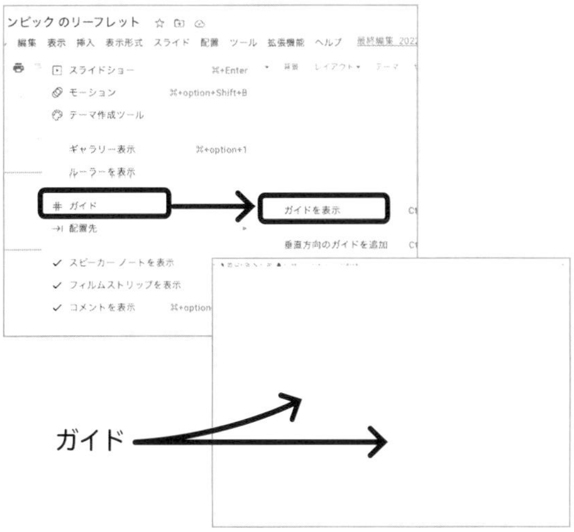
ンピック のリーフレット
編集 表示 挿入 表示形式 スライド 配置 ツール 拡張機能 ヘルプ
スライドショー ⌘+Enter
モーション ⌘+option+Shift+B
テーマ作成ツール
ギャラリー表示 ⌘+option+1
ルーラーを表示
ガイド
配置先
ガイドを表示
垂直方向のガイドを追加
スピーカーノートを表示
フィルムストリップを表示
コメントを表示
ガイド

3 スライドを増《ふ》やす

リーフレットでは、表紙やうら表紙の面と、本文の面の 2 まいのスライドが必要《ひつよう》です。

画面上の「スライド」→「新しいスライド」をクリックして、スライドを追加《ついか》しておきます。

スライド 配置 ツール 拡張機能 ヘルプ
新しいスライド Ctrl+M
スライドのコピーを作成
スライドを削除
スライドをスキップ
スライドを移動
背景を変更
レイアウトを適用
切り替え効果
ここを
クリックする。

4 文章を書く

テキストボックスをつくって、文章を書きましょう。

●テキストボックスに文字を書く

テキストは、スライドを開いたときに表示《ひょうじ》されるテキストボックス（文字を入れる場所）に書くか、自分でテキストボックスをつくって書きます。左上の[T]ボタンをクリックしたあと、文章を入れたいところでクリックしたまま、ななめに動かすと、テキストボックスができます。

テキストボックスをつくるボタン

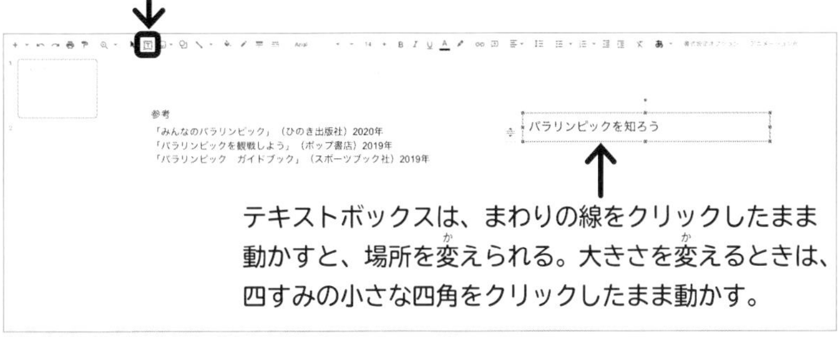
参考
「みんなのパラリンピック」（ひのき出版社）2020年
「パラリンピックを観戦しよう」（ポップ書店）2019年
「パラリンピック　ガイドブック」（スポーツブック社）2019年
パラリンピックを知ろう
テキストボックスは、まわりの線をクリックしたまま動かすと、場所を変《か》えられる。大きさを変《か》えるときは、四すみの小さな四角をクリックしたまま動かす。

テキストボックスを消すときは、テキストボックスをクリックしてから、画面上の「編集《へんしゅう》」→「削除《さくじょ》」を選ぶ。

1 ページ目（表紙）

5 文字を整える

文字の形（フォント）や大きさ、色を変《か》えて、見出しを大きく目立つようにしましょう。

●形などを変《か》えたい文字の上をクリックしたままなぞると、文字のまわりに色がつきます。その状態《じょうたい》のまま、画面の上で、文字の形や大きさ、色を選《えら》びます。

文字を選択《せんたく》した状態《じょうたい》。

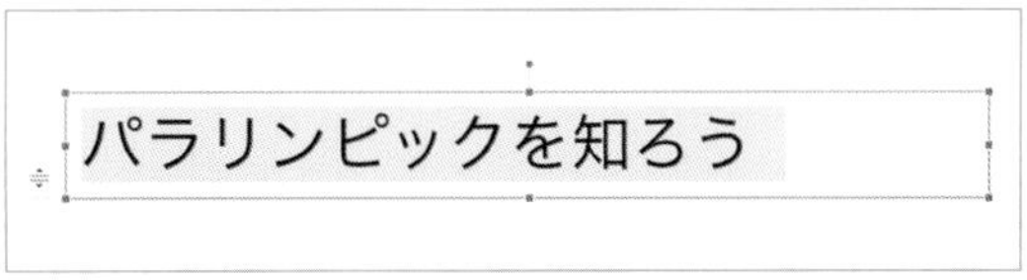
パラリンピックを知ろう

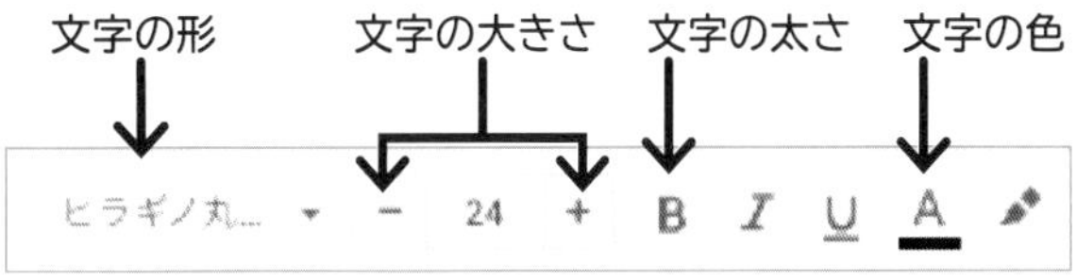
文字の形
文字の大きさ
文字の太さ
文字の色
ヒラギノ丸...
24
B
I
U
A

6

絵や写真を入れる

次に、パソコンに保存《ほぞん》しておいた絵や写真を入れましょう。絵・写真は、大きさを変《か》えたり、必要《ひつよう》な部分だけを切りぬいたりすることもできます。

●画面左上の「挿《そう》入《にゅう》」から、「画像《がぞう》」→「パソコンからアップロード」をクリック。そのあと、絵や写真を保存《ほぞん》していた場所を選《えら》んで、使いたい画像《がぞう》をダブルクリックします。

絵や写真を保存《ほぞん》している場所を選《えら》ぶ。

●絵や写真の大きさを変《か》える

絵や写真のどこかをクリックすると、外側《そとがわ》に青い線があらわれます。その角のどれかをななめに動かすと、大きくしたり小さくしたりできます。

角の小さな四角をクリックしたまま、ななめに引《ひ》っ張《ば》る。

●絵や写真の必要《ひつよう》な部分だけを切りぬく

画面の上の「⌗」をクリックすると、外側《そとがわ》に黒い線があらわれます。この線を動かすと、絵や写真の必《ひつ》要《よう》な部分だけを切りぬくことができます。

ここをクリックする。

黒い線を動かすと、わくの大きさを変《か》えられる。これで余分《よぶん》なところをカットする。

7

印刷《いんさつ》する

Google《グーグル》スライドは、作業内容《さぎょうないよう》が自動で保存《ほぞん》されます。完成《かんせい》したら、スライドに名前をつけましょう。

先生に相談をして、印刷《いんさつ》してもらいましょう。また、たくさん印刷《いんさつ》する前に、まず1まいだけ印刷《いんさつ》してもらい、校正（→12ページ）するとよいでしょう。

●ファイルに名前をつける

画面の左上のボックスに、名前を入れます。

参考

できあがり！

校正したあとに
まちがい直して、完成《かんせい》！
先生に印刷《いんさつ》してもらって、
みんなに配ったよ！

4ページ目（うら表紙）

参考
「みんなのパラリンピック」（ひのき出版社）
「パラリンピックを観戦しよう」（ポップ書店）
「パラリンピック　ガイドブック」（スポーツブック社）

1ページ目（表紙）

パラリンピックを知ろう

4年1組　小林ハナ

まわりに印刷《いんさつ》できない
部分（余白《よはく》）が出るこ
とがあるから、文章や
写真は少し内側《うちがわ》に
置《お》くといいリンゴ！

2ページ目

パラリンピックって何？

パラリンピックは、しょうがいのあるアスリートたちが競い合う世界的なスポーツの祭典です。

第1回大会は1960年で、1988年からは、4年に1度、オリンピックといっしょに開かれています。2021年には東京パラリンピックが開かれて、22の競ぎが行われました。

パラリンピックのおもな競技

車いすテニス

車いすに乗って行います。テニスとほとんど同じルールですが、ボールを2回バウンドさせるツーバウンドがみとめられています。

ボッチャ

2つのチームが、赤と青のボールを投げ合う競ぎです。ジャックボールとよばれる目標のボールがあって、それにどれだけ近づけたかによって点を競います。

3ページ目

シッティングバレーボール

おしりを床につけたまま行うバレーボールです。

1チームは6人で、真ん中のネットは低くなっています。

じゅう道

パラリンピックのじゅう道は、目が不自由な選手によって行われます。ルールは一ぱんのじゅう道とほぼ同じですが、試合は選手が組み合ったところから始まります。

テコンドー

テコンドーは、うでなどにしょうがいのある選手が参加します。あしを使って相手をこうげきしますが、頭へのこうげきは禁止されています。

PowerPoint《パワーポイント》でつくってみよう

Microsoft《マイクロソフト》 PowerPoint《パワーポイント》は、Google《グーグル》スライドと同じ、資料《しりょう》などをつくるためのアプリケーションです。PowerPoint《パワーポイント》では、文章を横書きでもたて書きでも入れることができます。

1 計画を立てて情報《じょうほう》を集める

この本の 7 ～ 10 ページを参考《さんこう》に、どんなリーフレットをつくるかを考えましょう。それにそって調べ、割《わ》り付《つ》けや文章の組み立てを考えておきましょう。

2 新しいプレゼンテーションをつくる

プレゼンテーションは、資料《しりょう》をつくるためのファイルのことです。PowerPoint《パワーポイント》のアプリを立ち上げて、「新《しん》規《き》」のコーナーから「新しいプレゼンテーションを作《さく》成《せい》」を選《えら》ぶと、新しいファイルができます。

「デザイン」→「スライドのサイズ」で、紙の大きさや向きも確認《かくにん》しておきましょう。

また、「表示《ひょうじ》」タブの「ガイド」をチェックすると、スライドの上下左右の中央にガイドの線があらわれます。文章や写真などをガイドに重ならないように入れれば、最後《さいご》に二《ふた》つ折《お》りにしたときに折《お》り目《め》に重なりません。

3 スライドを増《ふ》やす

リーフレットでは、表紙やうら表紙の面と、本文の面の 2 まいのスライドが必要《ひつよう》です。

画面上の「ホーム」から「新しいスライド」をクリックして、スライドを追加《ついか》しておきます。

ホーム
新しいスライド
タイトルを
サブタイトルを
ガイド（印刷《いんさつ》には出ない中央の線）

4 文字を書く

ここでは、「タイトルを入力」と書かれた四角にたて書きで文字を入れてみましょう。

画面上の「ホーム」→「文字列の方向」→「縦書《たてが》き」を選《えら》ぶと、横書きからたて書きに変《か》えられます。

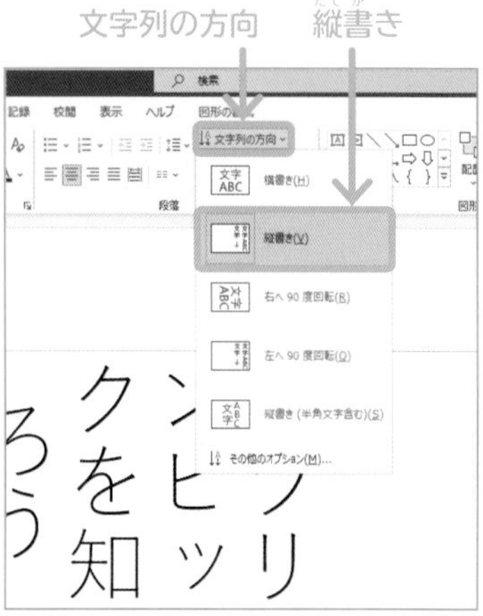
文字列の方向
縦書《たてが》き

5 文字を整える

形などを変《か》えたい文字の上をクリックしたままなぞると、文字のまわりに色がつきます。その状態《じょうたい》のまま、画面の上で、文字の形（フォント）や大きさ、色を選《えら》びます。

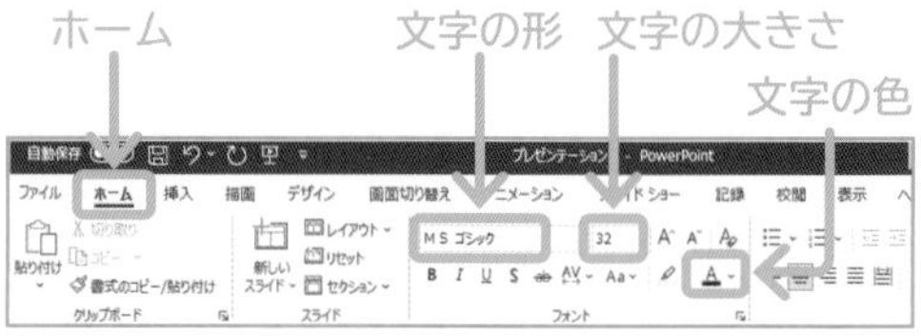
ホーム
文字の形
文字の大きさ
文字の色

デジヒント

テンプレートを使ってみよう

ポプラ社ＨＰ《ホームページ》から、PowerPoint《パワーポイント》アプリを使ったリーフレットのテンプレート（ひながた）をダウンロードできます。文章や画像《がぞう》を入れかえて、リーフレットをつくってみましょう。

手書きでもデジタルでも　まとめ・発表カンペキBOOK

で検索《けんさく》、もしくは

www.poplar.co.jp/book/search/result/archive/7236.00.html

から、ポプラ社ＨＰ《ホームページ》のこの本の紹介《しょうかい》ページにアクセスしましょう。紹介《しょうかい》ページの下部からテンプレートをダウンロードできます。

テンプレートなら、テキストボックスができているから、文字や写真を入れるだけで完成《かんせい》するよ！

6

絵や写真を入れる

画面左上の「挿入《そうにゅう》」から「画像《がぞう》」を選《えら》びます。保《ほ》存《ぞん》しておいた絵や写真から、使いたいものを選《えら》んでダブルクリックします。

絵や写真をクリックしたまま動かすと、位置《いち》を動かすことができます。

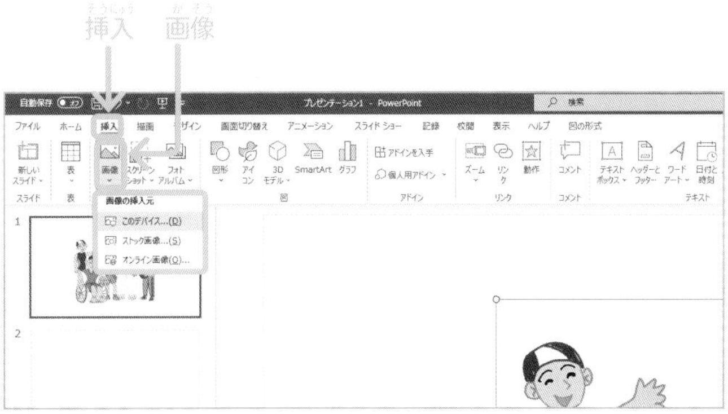

画像《がぞう》をクリックするとあらわれる四角の角の○をクリックしてななめに引《ひ》っ張《ば》ると、絵や写真を大きくしたり小さくしたりできる。

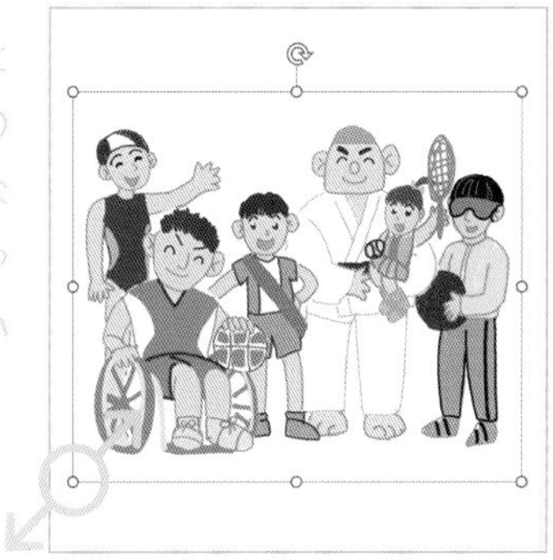

角の小さな○をクリックしたまま、ななめに引《ひ》っ張《ば》る。

「ファイル」→「印刷《いんさつ》」の順に選《えら》ぶと、印刷《いんさつ》できるよ。

できあがり！

パラリンピックを知ろう

四年一組　小林ハナ

参考

「みんなのパラリンピック」（ひのき出版社）　二〇二〇年

「パラリンピックを観戦しよう」（ポップ書店）　二〇一九年

「パラリンピック　ガイドブック」（スポーツブック社）　二〇一九年

1ページ目（表紙）

4ページ目（うら表紙）

3ページ目

2ページ目

パラリンピックって何？

パラリンピックは、しょうがいのあるアスリートたちが競い合う世界的なスポーツの祭典です。

第一回大会は一九六十年で一九八八年からは、四年に一度、オリンピックといっしょに開かれています。

二〇二一年には東京パラリンピックが開かれて、二十二の競ぎが行われました。

パラリンピックのおもな競技

車いすテニス

車いすに乗って行います。テニスとほとんど同じルールですが、ボールを二回バウンドさせるツーバウンドがみとめられています。

ボッチャ

二つのチームが、赤と青のボールを投げ合う競ぎです。ジャックボールとよばれる目標のボールがあって、それにどれだけ近づけたかによって点を競います。

シッティングバレーボール

おしりを床につけたまま行うバレーボールです。

一チームは六人で、真ん中のネットは低くなっています。

じゅう道

パラリンピックのじゅう道は、目が不自由な選手によって行われます。ルールは一ぱんのじゅう道とほぼ同じですが、試合は選手が組み合ったところから始まります。

テコンドー

テコンドーは、うでなどにしょうがいのある選手が参加します。あしを使って相手をこうげきしますが、頭へのこうげきは禁止されています。

リーフレットや
パンフレット

みんなの作例《さくれい》②

地震対策《じしんたいさく》について わかったことを伝《つた》えるよ！

テーマ「地震対策《じしんたいさく》」／４年生

表紙は手書き、中はパソコンでつくったリーフレットだよ！

【表面】　①（表紙）　⑥（うら表紙）　②

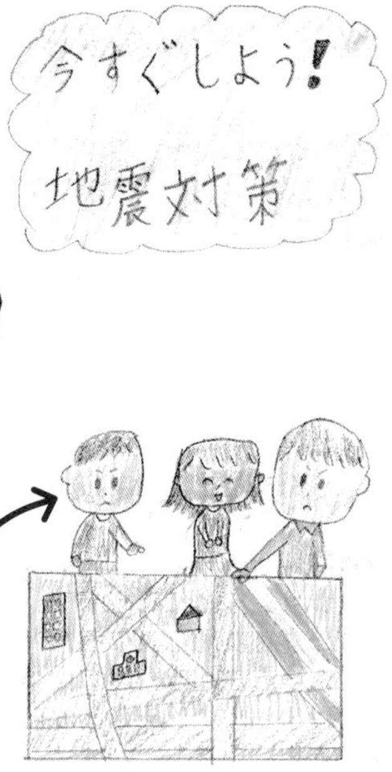

印西市立原山小学校
4年2組

表紙の絵は、みんなが地震対策《じしんたいさく》を話し合っているところかな？　真剣《しんけん》な表情《ひょうじょう》から、とても大切なリーフレットだとわかるね。

【うら面】　③　④　⑤

地震が起こると・・・

- 道路が壊れる。
- 火事が発生する。
（ガスコンロの火を消さなかった場合など）
- 家や建物が壊れる。
（大きい地震の場合など）
- 土砂崩れがおきる。
- 電気、ガス、水道が使えなくなる

《家の中では…》
家具類の転倒、落下に気をつけて

家具などが倒れてきたり、割れた食器やガラスが散らばったりします。
そのため、避難経路がをふさがれてしまうことがあります。

地震が起きる前・起きた後の対策

「起きる前」
- 家族などと避難所を調べていざというときにすぐ逃げられるように防災グッツを作っておく。
- ローリングストックをする。
（ローリングストックとは、日ごろの食料品を多めに買い置きし、古いものから順に使い、使った分より多く補充していく備蓄方法です）
- 転倒防止金具などで、家具類を固定して、倒れにくくしておく。
- 食器だなにしまってあるガラス製品が転倒したり、すべり出したりしないようにしておく。
- 日頃から緊急地震速報を見聞きしたときの行動を家族で話し合っておく。
- 火災の発生にそなえて、消化器の準備やお風呂の水のくみおきをしておく。

「起きた後」
- 落ち着いて行動する。
- 火を止める。
- ドアや窓を開けて、脱出口を確保する。

〈地震が起きた１～２分後〉
- 津波や山・がけ崩れの危険がある地域にいる場合すぐ避難を！
- 非常持出品を用意して、できるだけ海や川から反対の方に逃げる。

【理由は、地震の後津波が来るかもしれないからです】
〈地震が起きた５分後〉
- ラジオなどで情報を確認する。
- 電話はなるべくつかわない。

自主防災組織について

地域で災害に備えて作られている組織。自主防災組織のない地域では、**消防団**などとして活動しています。

＜活動の例＞
- 衛生はん
【けが人の応急手当】
- 誘導はん
【地域の人を素早く安全に避難場所のに誘導する。】
- 消化はん
【火事になっている所の火を消す。】
- 生活はん
【食べ物や生活用品を配ったりする。】
- 情報はん
【役所からの情報を素早く伝え今の避難状況を役所に伝える。】
- 救助はん
【救出活動を行う。】

箇《か》条《じょう》書《が》きで説明しているから、読みやすいね。

活動の例《れい》は、役割《やくわり》ごとに色分けして説明《せつめい》しているよ。ここは、背景《はいけい》の色を白にしているから、見やすいね。

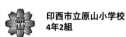

日本の伝統的《でんとうてき》なものごとについて調べてまとめたよ！

テーマ「日本の伝統文化《でんとうぶんか》」／6年生／A3《エー》

写真が並《なら》べて配置《はいち》されているので、日本と海外の巻《ま》き寿司《ずし》のちがいが一目でわかるよ。

巻き寿司の秘密!!

名前

巻き寿司

みなさんは「巻き寿司」を知っていますか?巻き寿司というのは、具材とすし飯を海苔などで巻いて形を作る、寿司の一種です。
巻き寿司には色んな種類があるんです!!いくつか紹介します。

海外の巻き寿司

実は巻き寿司は、海外でも食べることができるのです。左の写真を見てください。日本の巻き寿司とはちがってカラフルですね。海外に巻き寿司があるなんて知らなかったです!!

これは市販で売られている、よくみる巻き寿司です。すごくおいしそうですね!!

これは海外の巻き寿司です。日本とはちがい、のりを巻いていません。代わりにアボカドやゴマなどを使っています。海外の発想はすごいですね!!

調べ学習を振り返って

ぼくが驚いたのは場所によってたくさんの種類の巻き寿司があったことです。千葉県は「飾り巻」や「銚子巻」、宮崎県は「レタス巻」、そしてアメリカには「クランチーシュリンプテンプラロール」や「ツナアメリカンスシ」、オーストラリアには「テリヤキチキンロール」や「クラブスティックロール」…たくさんの巻き寿司があって驚きました。
ぼくもいつか食べてみたいです。

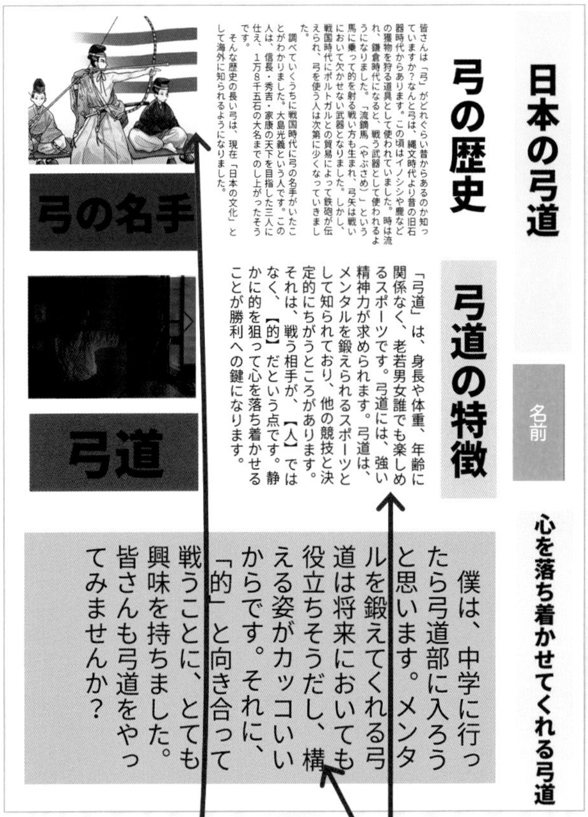

日本の弓道

名前

弓の歴史

皆さんは「弓」がどれぐらい昔からあるのか知っていますか?なんと弓は、縄文時代より昔の旧石器時代からあります。この頃はイノシシや鹿などの獲物を狩る道具として使われていました。時は流れ、鎌倉時代になると、戦う武器として使われるようになりました。「流鏑馬（やぶさめ）」という馬に乗って的を射る戦い方も生まれ、弓矢は戦いにおいて欠かせない武器となりました。しかし、戦国時代にポルトガルとの貿易によって鉄砲が伝えられ、弓を使う人は次第に少くなっていきました。
調べていくうちに戦国時代に弓の名手がいたことがわかりました。大島光義という人です。この人は、信長・秀吉・家康の天下を目指した三人に仕え、1万8千五石の大名までのし上がったそうです。
そんな歴史の長い弓は、現在「日本の文化」として海外に知られるようになりました。

弓の名手

弓道

弓道の特徴

「弓道」は、身長や体重、年齢に関係なく、老若男女誰でも楽しめるスポーツです。弓道には、強い精神力が求められます。弓道は、メンタルを鍛えられるスポーツとして知られており、他の競技と決定的にちがうところがあります。それは、戦う相手が、【人】ではなく、【的】だという点です。静かに的を狙って心を落ち着かせることが勝利への鍵になります。

心を落ち着かせてくれる弓道

僕は、中学に行ったら弓道部に入ろうと思います。メンタルを鍛えてくれる弓道は将来においても役立ちそうだし、構える姿がカッコいいからです。それに、「的」と向き合って戦うことに、とても興味を持ちました。皆さんも弓道をやってみませんか?

文章の内容《ないよう》が伝《つた》わりやすいように、図や写真を効果的《こうかてき》に使っているね。

内容《ないよう》ごとに色分けされていて、読みやすいね。

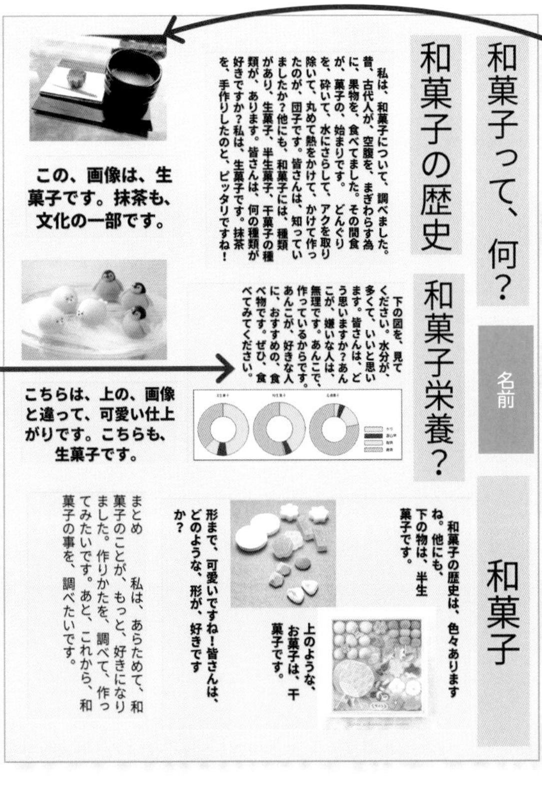

和菓子って、何?

名前

和菓子の歴史

私は、和菓子について、調べました。昔、古代人が、空腹を、まぎわらす為に、果物を、食べてました。その間食が、菓子の、始まりです。どんぐりを、砕いて、水にさらして、アクを取り除いて、丸めて熱をかけて、かけて作ったのが、団子です。皆さんは、知っていましたか?他にも、和菓子には、種類があり、生菓子、半生菓子、干菓子の種類が、あります。皆さんは、何の種類が好きですか?私は、生菓子です。抹茶を、手作りしたのと、ピッタリですね！

この、画像は、生菓子です。抹茶も、文化の一部です。

和菓子栄養?

下の図を、見てください。水分が、多くて、いいと思います。皆さんは、どう思いますか?あんこが、嫌いな人は、無理です。あんこで、作っているからです。あんこが、好きな人に、おすすめの、食べ物です。ぜひ、食べてみてください。

こちらは、上の、画像と違って、可愛い仕上がりです。こちらも、生菓子です。

和菓子

和菓子の歴史は、色々ありますね。他にも、下の物は、半生菓子です。

上のような、お菓子は、干菓子です。

形まで、可愛いですね！皆さんは、どのような、形が、好きですか?

まとめ
私は、あらためて、和菓子のことが、もっと、好きになりました。作りかたを、調べて、作ってみたいです。あと、これから、和菓子の事を、調べたいです。

文章の中に「皆《みな》さんはどう思いますか？」のような問いかけがあるので、話に参加《さんか》しながら読んでいる気分になれるね。

1まいの紙の表側《おもてがわ》に説明《せつめい》の文章や写真を入れて、ちらし風につくったんだね。

郷土料理《きょうどりょうり》の パンフレットをつくろう

みんなで

ジュンのクラスでは、郷土料理《きょうどりょうり》についてグループで調べて、わかったことをパンフレットにまとめることにしました。いっしょにまとめ方を見てみましょう。

パンフレットをつくってみよう！

授業《じゅぎょう》で習ったことや調べたことを、文章と写真や図、絵を使って、８ページくらいのパンフレットにまとめてみましょう。リーフレットよりもページ数が多いので、よりていねいに説明《せつめい》することができます。

パンフレットの例《れい》

（本文）　（表紙）

こんなふうに進めてみよう！

- ステップ 1　編集会議《へんしゅうかいぎ》を開く
- ステップ 2　情報《じょうほう》を集めて整理する
- ステップ 3　構成《こうせい》を考える
- ステップ 4　割《わ》り付《つ》けをする
- ステップ 5　文章を書く
- ステップ 6　図や写真を入れる
- ステップ 7　パンフレットを仕上げる

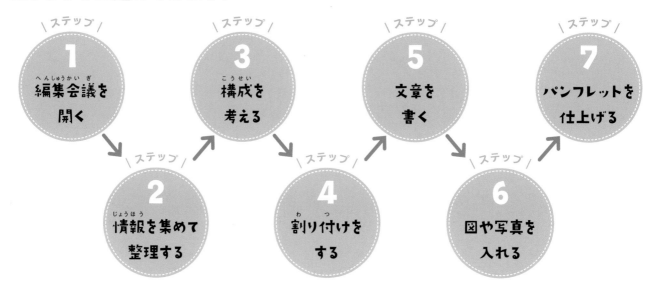

ステップ 1

編集会議《へんしゅうかいぎ》を開こう

まずは、グループのみんなでどんなパンフレットをつくるか、どう分担《ぶんたん》するかを話し合い、決めておきましょう。これを編集会議《へんしゅうかいぎ》とよびます。

どの郷土料理《きょうどりょうり》を取り上げる？

郷土料理《きょうどりょうり》にはどんなものがあるのか、みんなで本やインターネットを調べて決めましょう。自分たちの住む地域《ちいき》の郷土料理《きょうどりょうり》でもいいですね。

だれに伝《つた》えたい？

伝《つた》えたい相手によって、選《えら》んだ郷土料理《きょうどりょうり》の何を調べるかも変《か》わってきます。

何を調べる？
調べる方法《ほうほう》は？

調べたいことは何か、どうやって調べたらよいかを話し合いましょう。それらが決まったら、担当《たんとう》を決めて、手分けして調べてみましょう。

ジュンたちの編集会議《へんしゅうかいぎ》メモ

編集会議《へんしゅうかいぎ》メモ

5年 1組	小林ジュン・田山はるか・三村エマ
テーマ	東京のきょう土料理・江戸前ずし

調べること・記事の内容《ないよう》	調べる方法《ほうほう》	担当《たんとう》
特ちょう ・どんな料理か ・使われている材料	図書館の本 東京都のホームページ	小林
歴史 ・いつごろ作られたのか ・今はどんな風に食べられているか	図書館の本 百科事典	田山
いろいろなきょう土料理 ・日本のおもなきょう土ずし ・東京のおもなきょう土料理	図書館の本 インターネット	三村
伝《つた》える相手	クラスのみんな	

郷土料理《きょうどりょうり》って、地域《ちいき》に昔から伝《つた》わる料理《りょうり》のことなんだって。
にぎりずしが東京の郷土料理《きょうどりょうり》だったなんて知らなかった。調べてみようよ。

1巻の終わりにある編集会議《へんしゅうかいぎ》メモのひながたを、先生にコピーしてもらって使いましょう。この本の45ページにあるURL《ユーアールエル》からは、パソコンやタブレットで使えるPDF《ピーディーエフ》データのダウンロードもできます。

ステップ 2

担当《たんとう》する内容《ないよう》の情報《じょうほう》を集めて整理しよう

この本の８ページを参考《さんこう》に、本やインターネットなどで、情報《じょうほう》を集めましょう。調べてわかったことは、ノートやカードにきちんと整理しておきましょう。

図書館で
郷土料理《きょうどりょうり》の本
をさがして
きたんだ。
わたしは、
インターネット
で調べてみるね。

ステップ 3

みんなで構成《こうせい》を考えよう

ここでは、８ページのパンフレットをつくります。調べたことをもとにして、パンフレットの何ページにどんな情報《じょうほう》をのせるのかを考えてみましょう。

ジュンたちが考えたパンフレットの構成《こうせい》

ページ	内容	資料	たん当
表紙（１ページ）	タイトル 目次	すしの写真	小林
２ページ	江戸前ずしはどんな料理か	東京の地図 すしの写真	小林
３ページ	江戸前ずしの材料	魚の絵 わさびの絵	小林
４ページ	江戸前ずしの歴史	昔のすしの絵	田山
５ページ	今の江戸前ずし	回転ずしの絵	田山
６ページ ７ページ	全国のきょう土ずし	地図 いろいろなすしの絵	三村
うら表紙（８ページ）	東京のきょう土料理 参考	東京のきょう土料理の絵	三村

どのような順番《じゅんばん》で説明《せつめい》をすれば伝《つた》わりやすいか考えましょう。

わかりやすく説明《せつめい》するために必要《ひつよう》な絵や写真を考えて、用意しましょう。

ステップ 4

みんなで割《わ》り付《つ》けをしよう

構成《こうせい》をもとにして、パンフレットの割《わ》り付《つ》けを考えましょう。

たて書きのパンフレットは、右ページから左ページへと読んでいくんだよ。

たて書きの割《わ》り付《つ》けの例《れい》

たて書きのパンフレットは、1 まいめの紙の左側《ひだりがわ》が表紙、右側《みぎがわ》がうら表紙になります。

1 ページ目（表紙） 8 ページ目(うら表紙)

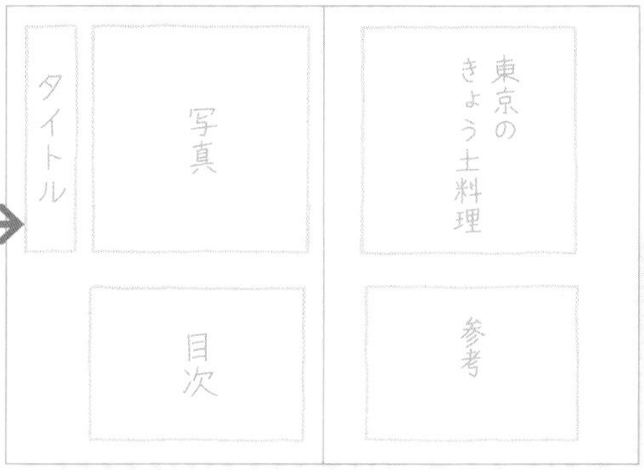
東京のきょう土料理
参考
写真
目次
タイトル

長い説明《せつめい》は、いくつかのまとまりに分けて、小見出しを入れましょう。

リード文とは、そのページの内容《ないよう》を短くまとめた文章のことです。

3 ページ目 2 ページ目

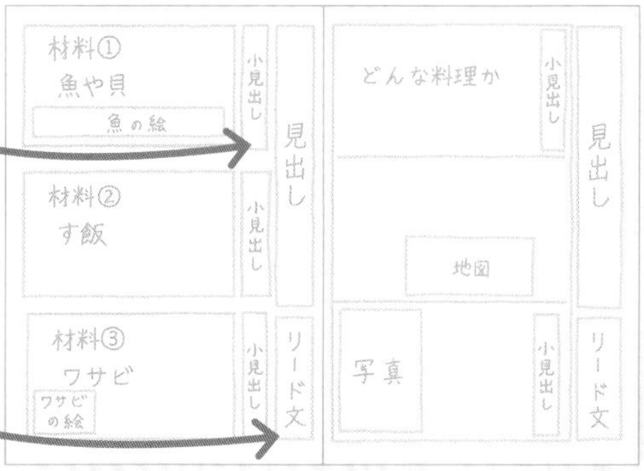
見出し
リード文
小見出し
どんな料理か
地図
小見出し
写真
見出し
リード文
小見出し
材料①
魚や貝
魚の絵
小見出し
材料②
す飯
小見出し
材料③
ワサビ
ワサビの絵

図や写真を入れて、よりわかりやすい説明《せつめい》になるようにくふうしましょう。

5 ページ目 4 ページ目

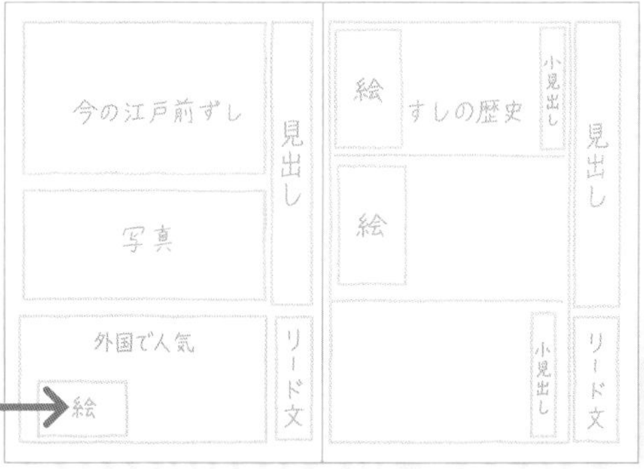
見出し
リード文
小見出し
絵
すしの歴史
絵
小見出し
見出し
リード文
今の江戸前ずし
写真
外国で人気
絵

7 ページ目 6 ページ目

見出し
リード文
全国のきょう土ずし
日本地図に、各地のきょう土料理の絵を組み合わせる

この本の 45 ページにある割《わ》り付《つ》け用紙《ようし》のひながたを、先生にコピーしてもらって使いましょう。同じページにある URL《ユーアールエル》からは、パソコンやタブレットで使える PDF《ピーディーエフ》データのダウンロードもできます。

気をつけて！失敗《しっぱい》あるある

たて書きか横書きかを意識《いしき》しないで割《わ》り付《つ》けをしたら、表紙とうら表紙がぎゃくになっちゃった……。たて書きと横書きではページの順番《じゅんばん》が変《か》わるので、最初《さいしょ》にきちんと決めておこう。

横書きの割《わ》り付《つ》けの例《れい》

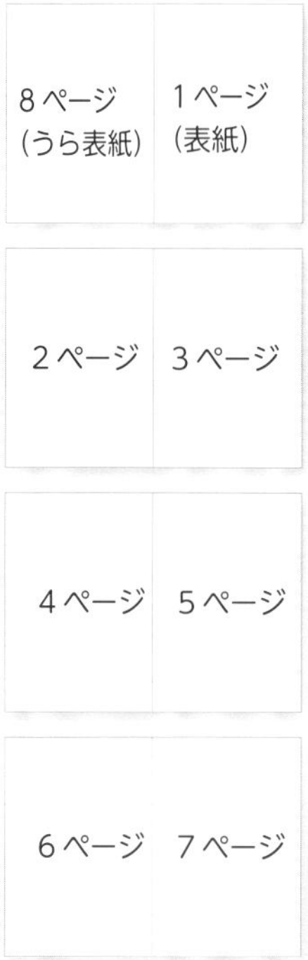
8ページ
(うら表紙)
1ページ
(表紙)
2ページ
3ページ
4ページ
5ページ
6ページ
7ページ

右側《みぎがわ》が表紙、左側《ひだりがわ》がうら表紙になる。

中のページも、左から右に読む。

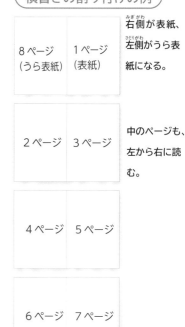

ステップ 5

担当《たんとう》ページの文章を書こう

割《わ》り付《つ》けに合わせて、担当《たんとう》するページの文章を鉛筆《えんぴつ》で下書きしましょう。

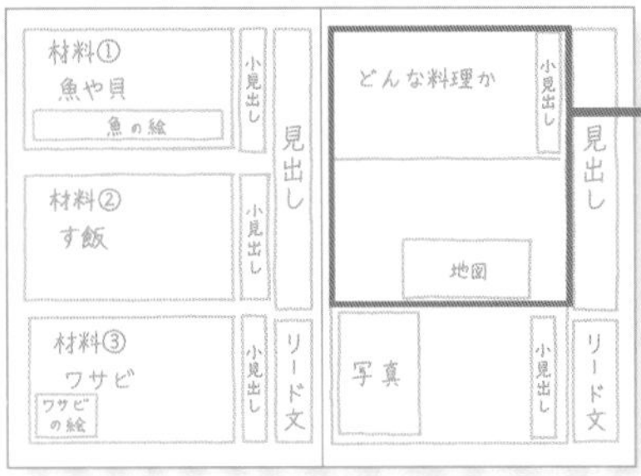

2ページの文章の例《れい》

東京わんの魚を使ったすし

みなさんは「すし」と聞くと何を思いうかべますか。

すしには、いなりずしや、ちらしずしなど、いろいろな種類があります。でも、「すし」と聞いて、にぎりずしのことを思いうかべる人も多いのではないでしょうか。

江戸前ずしは、じつは、このにぎりずしのことなんです。

江戸は、昔の東京のことです。江戸の目の前にある東京わんでとれた魚を使ったすしだから、にぎりずしは江戸前ずしともよばれたのだそうです。

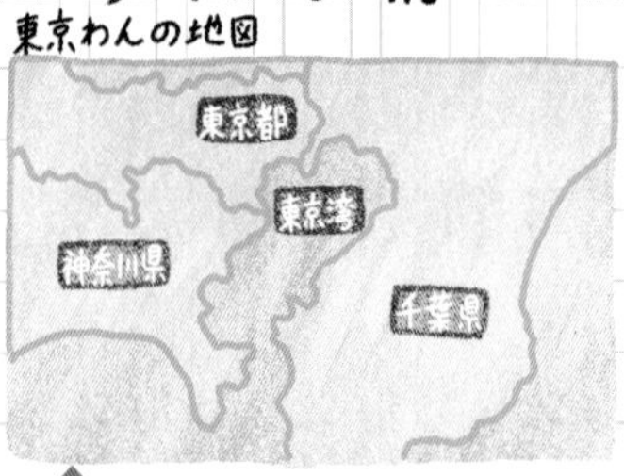

にぎりずしは、今では日本中で食べられています。でも、もともとは東京のきょう土料理だったのです。

内容《ないよう》がわかる小見出しを入れる

文章のまとまりの前には、何が書かれているかがわかる、印象的《いんしょうてき》な小見出しを入れましょう。

問いかけの文を使って関心《かんしん》をひく

文章の初《はじ》めに、読む人への問いかけを入れましょう。それに答えるように文章を続《つづ》けると、うまくまとまります。

内容《ないよう》ごとに改行《かいぎょう》すると、読みやすくなるリンゴ!

ステップ 6

図や写真を入れよう

地図や写真、絵、また、図(→ 40ページ)などを入れると、文章の内容《ないよう》がわかりやすくなります。下書きでは、図や絵はうすくかいておきましょう。写真は、テープで軽くとめておきましょう。

ステップ 7

みんなでパンフレットを仕上げよう

つくったページにまちがいがないか、校正しましょう。清書したら、台紙の表とうらにつくったページをそれぞれはり合わせて、パンフレットにします。

自分以外《いがい》の人に下書きを読んでもらうと、
伝《つた》わりやすい文章になっているか
たしかめられるリンゴ！

校正して、清書《せいしょ》する

下書きしたページを、グループ内で交《こう》換《かん》して確認《かくにん》しあいましょう。問題がなければ、ペンで清書《せいしょ》します。

紙をはり合わせる

パンフレットの 2 ページ分をはれる紙を 2 まい用意しましょう。台紙として使うので、少し厚《あつ》みがあって、大きめの紙のほうが、きれいに仕上がります。

次に、文章や絵をかいた割《わ》り付《つ》け用紙《ようし》を真ん中で切って、1 ページずつにします。そして、文字をたて書きしたパンフレットの場合は、台紙の表とうらに右のようにはっていきます。

はり終わったら、台紙を真ん中でおり、とじて完成《かんせい》です。

たて書きのパンフレットのはり合わせ方

台紙1まい目の表側《おもてがわ》

1ページ目（表紙）	8ページ目（うら表紙）

台紙1まい目のうら側

7ページ目	2ページ目

台紙2まい目の表側《おもてがわ》

3ページ目	6ページ目

台紙2まい目のうら側

5ページ目	4ページ目

赤い点線 ------ を山折《やまお》り、
青い点線 ------ を谷折《たにお》りにします。

表側《おもてがわ》から見たところ　　うら側《がわ》から見たところ

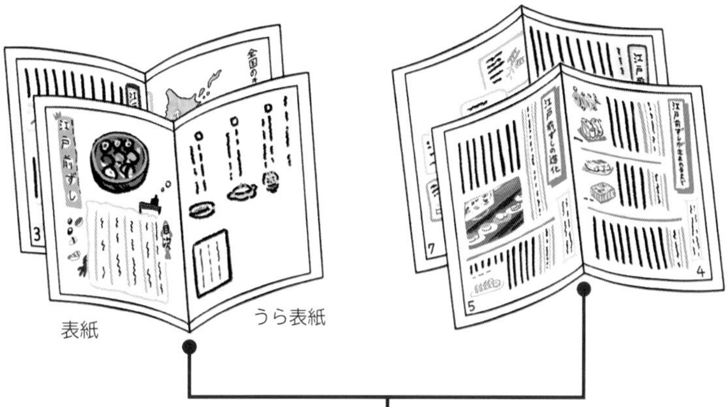
表紙
うら表紙

真ん中で折《お》って、重ねてとじる

横書きのパンフレットでは、ページの順番が変わります。31 ページ右下の図を参考にして、台紙にはりましょう。

気をつけて！ 失敗《しっぱい》あるある

ページを確《たし》かめないで紙をはったら、順番《じゅんばん》がばらばらになっちゃった……。

割《わ》り付《つ》けを確認《かくにん》しながら、紙をはるようにしよう。

江戸前ずし
全国のきょう土ずし

できあがり！

1ページ目（表紙）

江戸前ずし

新せんな魚の味を味わえる

目次

江戸前ずしはどんな料理？	2
江戸前ずしの材料	3
江戸前ずしが生まれるまで	4
江戸前ずしの進化	5
全国のきょう土ずし	6
東京のきょう土料理	8

タイトルのそばに、読む人の興味《きょうみ》をひくようなサブタイトルを入れたんだ。

パンフレットの内容《ないよう》が一目でわかるように、表紙に目次を入れたよ。

8ページ目（うら表紙）

東京のそのほかのきょう土料理

深川めし（深川どん）
アサリとネギをみそでにこんで、ご飯にかけた料理。江戸の漁師たちが食べていたものが広がったといわれます。

柳川なべ（どじょうじる）
ドジョウをなべでにこんだ料理。ゴボウをいれることもあります。

つくだに
シラウオをしょう油と砂とうでにつけた料理。江戸時代の保ぞん食でした。

（参考）
東野京子「郷土料理を知ろう」（クック出版）二〇一五年
田中太郎「すしの歴史」（ポップ書店）二〇二一年
「東京まるごとガイド」https://xxx.xxxxx.jp
「江戸前寿司なんでも事典」https://xxx.xxxxx.jp

うら表紙には、参考《さんこう》にした本などを書いたよ。

出典《しゅってん》の書き方は36ページを参考《さんこう》にしましょう。

2ページ目

江戸前ずしはどんな料理？

東京のきょう土料理の江戸前ずしは、どんな料理でしょうか。

東京わんの魚を使ったすし

みなさんは、「すし」と聞くと何を思いうかべますか。

すしには、いなりずしや、ちらしずしなど、いろいろな種類があります。でも、「すし」と聞いて、にぎりずしのことを思いうかべる人も多いのではないでしょうか。

江戸前ずしは、じつは、このにぎりずしのことなんです。

江戸は、昔の東京のことです。江戸の目の前にある東京わんでとれた魚を使ったすしだから、にぎりずしは江戸前ずしともよばれたのだそうです。

東京わんの地図

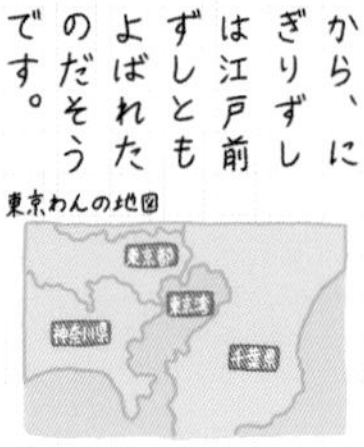

にぎりずしは、今では日本中で食べられています。でも、もともとは東京のきょう土料理だったのです。

のりまきも人気

江戸前ずしは、「す飯」を軽くにぎって、その上に魚や貝をのせてつくります。

ほかに、かんぴょうやキュウリを「す飯」とのりでまいた「のりまき」も人気があります。

かっぱまき

かんぴょうまき

2

3ページ目

江戸前ずしの材料

江戸前ずしには、どんな材料が使われているのでしょうか。

新せんな魚

江戸前ずしでは、新せんなマグロやサーモンなどの魚を生のまま使います。

エビやアナゴのように、むしたり、あまからくにたりすることもあります。

味をひきたてる「す飯」

「す飯」は、ご飯にすをまぜて、軽くにぎったものです。「す飯」のすっぱさは、魚の生ぐささを消して、味を引き立てます。

だれでも、かん単につくれそうですが、すし職人の人たちの間には、「飯たき三年」という言葉があるくらい、おいしい「す飯」をつくるには修行が必要なのだそうです。

きんをふやさないためのワサビ

江戸前ずしには、ワサビが使われていることもあります。ワサビは、食べると鼻がつーんとするので、苦手な人もいるかもしれません。でも、ワサビは、魚の味を引き立てて、きんをふやさないようにする役割をはたしています。

3

親しみやすいふんいきのパンフレットにしたくて、手がきの絵を入れたよ。

完成《かんせい》したパンフレットはクラスのみんなに配ったよ。

4ページ目　5ページ目

江戸前ずしが生まれるまで

今、わたしたちが食べている江戸前ずしができるまでには、長い歴史があります。

すしの歴史は千年以上

日本のすしは、千年以上前からありました。

そのころのすしは、魚に塩とご飯を加えて、何か月もつけこんでつくりました。食べるときは、ご飯を捨てて、魚だけを食べたのだそうです。

昔のすし

箱につめたすし

今から四百年ほど前、箱ずしがつくられるようになりました。

箱ずしは、ご飯にすをまぜた「す飯」と魚を箱につめたものです。ふたの上から重しをして、数日たつと食べることができました。

箱ずし

江戸前ずしのたん生

二百年ほど前、江戸のすし職人だった華屋与兵衛は、す飯をにぎって、その上に魚や貝をのせるすしを考え出しました。これが江戸前ずしの始まりです。

つくってから食べるまでに何日もかかった昔のすしとちがって、つくってすぐに食べられる江戸前ずしは、江戸っ子たちの間で大人気になったそうです。

4

江戸前ずしの進化

江戸前ずしは進化していて、今では外国でも食べられています。

東京のきょう土料理が全国で愛される料理に

もともと江戸前ずしは、屋台で売られていました。

七十年ほど前、食料の取りしまりがきびしくなって、屋台が出せなくなりました。その後、すし店が始まって、全国に広がっていきました。

今では、回転ずしのお店もたくさんできて、みんなが気軽に江戸前ずしを食べられるようになりました。

東京のきょう土料理だった江戸前ずしは、日本中で愛される料理になったのです。

世界に広がる「スシ」

江戸前ずしは、今では日本の食の代表として、外国にも広がっています。

世界各地でさまざまにアレンジされて、楽しまれているのです。たとえば、アメリカでは、アボカドやキュウリののりまきがカリフォルニアロールとよばれて食べられているそうです。

カリフォルニアロール

5

江戸前《えどまえ》ずしの歴史《れきし》は長い説《せつ》明《めい》が必要《ひつよう》だったから、内容《ないよう》ごとに小見出しをつけて読みやすくしたよ。

6ページ目　7ページ目

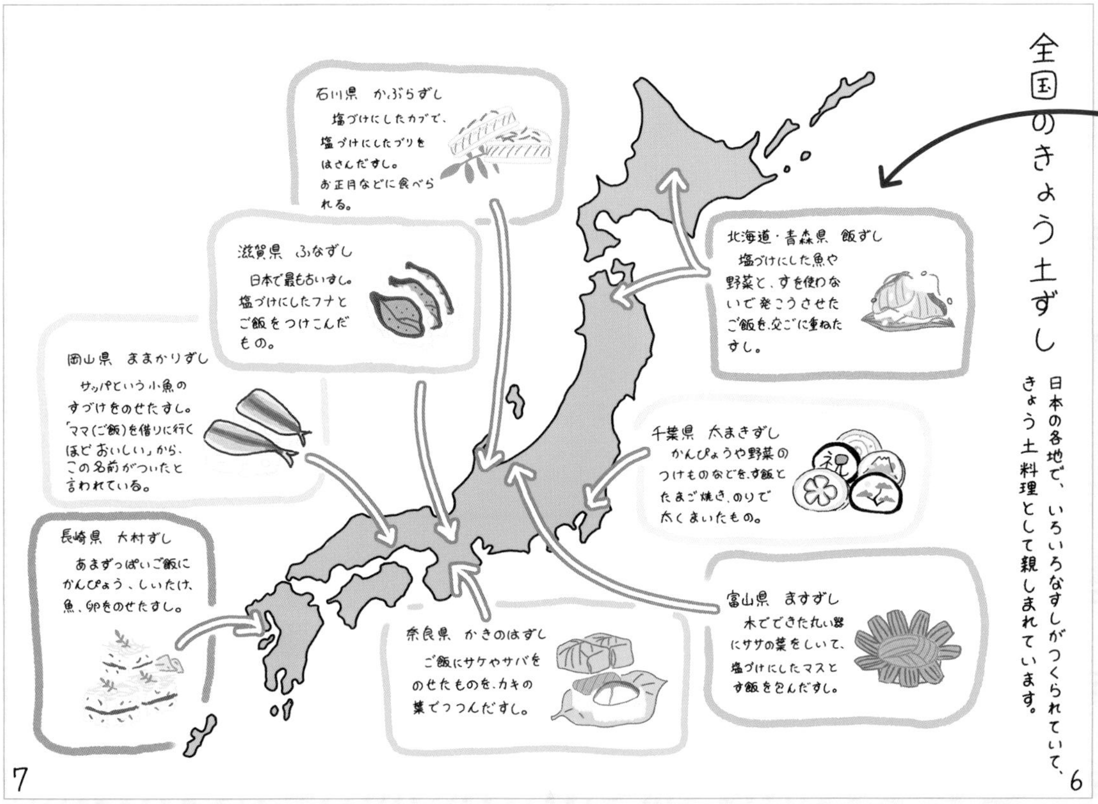

全国のきょう土ずし

日本の各地で、いろいろなすしがつくられていて、きょう土料理として親しまれています。

北海道・青森県　飯ずし
塩づけにした魚や野菜と、すを使わないで発こうさせたご飯を、交ごに重ねたすし。

千葉県　太まきずし
かんぴょうや野菜のつけものなどを、す飯とたまご焼き、のりで太くまいたもの。

富山県　ますずし
木でできた丸い器にササの葉をしいて、塩づけにしたマスとす飯を包んだすし。

奈良県　かきのはずし
ご飯にサケやサバをのせたものを、カキの葉でつつんだすし。

長崎県　大村ずし
あまずっぱいご飯にかんぴょう、しいたけ、魚、卵をのせたすし。

岡山県　ままかりずし
サッパという小魚のすづけをのせたすし。「ママ(ご飯)を借りに行くほどおいしい」から、この名前がついたと言われている。

滋賀県　ふなずし
日本で最も古いすし。塩づけにしたフナとご飯をつけこんだもの。

石川県　かぶらずし
塩づけにしたカブで、塩づけにしたブリをはさんだすし。お正月などに食べられる。

6　7

地図を大きく入れたり、絵をたくさん入れたりすると、ページに変《へん》化《か》が生まれて、楽しいパンフレットになるよね。

ステップアップ！

本やインターネットの文章・絵・写真を使ってもいいの？

リーフレットやパンフレットなどは、写真や絵をのせるとわかりやすくなりますが、どんなものでものせていいわけではありません。

著作権《ちょさくけん》って、何だろう？

人が自分で考えてつくり出した文章や絵、音楽、写真などを著作物《ちょさくぶつ》といいます。

また、作品をつくった人（著作者《ちょさくしゃ》）には「著作権《ちょさくけん》」という権利《けんり》があります。著作権《ちょさくけん》にはさまざまな権利《けんり》がふくまれますが、簡単《かんたん》にいうと、その作品《さくひん》をほかの人に勝手に利用されないように守るための権利《けんり》です。

ほかの人の著作物《ちょさくぶつ》を無断《むだん》で使ってはいけません。使うときには、つくった人の許可《きょか》をもらう必要《ひつよう》があります。

自分がかいた絵や写真を使う

○ 使っても
だいじょうぶ！

友だちがかいた絵や写真を勝手に使う

× 勝手に使っては
ダメ！

友だちがかいた絵や写真を許可《きょか》をとって使わせてもらう

○ 許可《きょか》をもらえば
使っても
だいじょうぶ！

人の著作物《ちょさくぶつ》を使えるのは、こんなとき

●文章の一部を引用するとき

引用は、ほかの人の文章を自分の文章にのせることです。引用するときは、かぎかっこで囲《かこ》むなど、自分の文章と区別できるようにします。また、何から引用したのかがわかるように、必《かなら》ず出典《しゅってん》を示《しめ》します。本の場合は、「筆者」「書名」「出版社《しゅっぱんしゃ》」「発行年」を書いておきましょう。

統計《とうけい》などを利用《りよう》してグラフをつくったときも、元にした資料《しりょう》名《めい》や年を入れましょう。

●学校の授業《じゅぎょう》でクラスの人だけに見せるとき

学校の授業中《じゅぎょうちゅう》につくる作品で、それを見るのが先生やクラスの人だけの場合や、家などでつくる作品で、自分だけが見る場合は、ほかの人の作品を使うことがみとめられています。

でも、これらの作品を、学校外で配ったり、インターネット上で公開するなど、だれでも見られるようにする場合は、著作《ちょさく》者《しゃ》の許可《きょか》が必要《ひつよう》になります。

●著作物《ちょさくぶつ》の著作権《ちょさくけん》が切れていたり、手放されているとき

作品の中には、著作権《ちょさくけん》の期限《きげん》が切れたり、著作者《ちょさくしゃ》が自分の作品を自由に使ってくださいと表明していたりして、著作権《ちょさくけん》のないものもあります。

ただし、そのような作品でも、使うときに条件《じょうけん》をつけているものもあります。

著作権《ちょさくけん》のない作品でも、利用《りよう》のルールを確認《かくにん》してから、使うようにしましょう。

リーフレットや
パンフレット

みんなの作例《さくれい》③

自分がくらす地域《ちいき》の よいところをまとめたよ！

テーマ「知内町《しりうちちょう》のよいところ」／4年生／A《エー》3

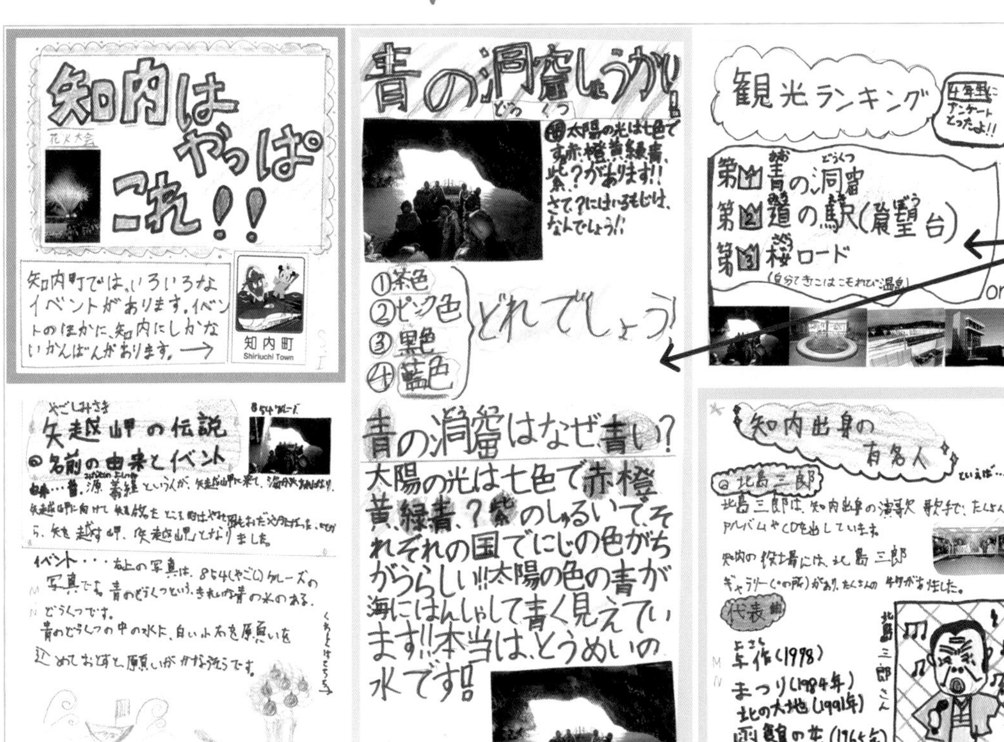

ランキングやクイズなど、思わず読みたくなるコーナーがたくさんあるね。

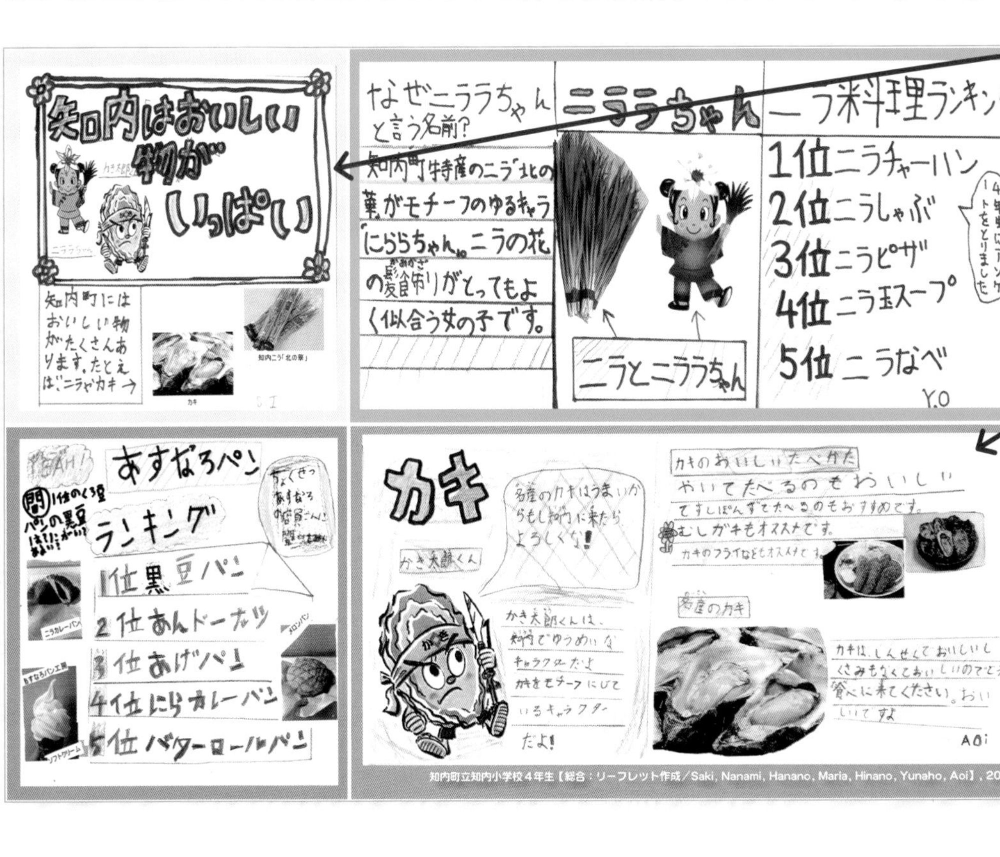

知内町立知内小学校4年生【総合：リーフレット作成／Saki, Nanami, Hanano, Maria, Hinano, Yunaho, Aoi】, 2020

ページ全体のテーマを「おいしいもの」にしぼっているので、特産品《とくさんひん》のことをくわしく知ることができるね。

読んだ人がすぐに挑戦《ちょうせん》してみたくなるコーナーがあって楽しく読めるね。

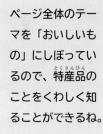

住んでいる地域《ちいき》のお気に入りの場所をパンフレットにまとめたよ！

テーマ「大分県佐伯市《おおいたけんさいきし》のお気に入りの場所」／3年生／A4《エー》

表紙

2ページ

各地域《かくちいき》の特徴《とくちょう》を表す絵がかいてあって、中身を読むのが楽しみになるね。

3ページ

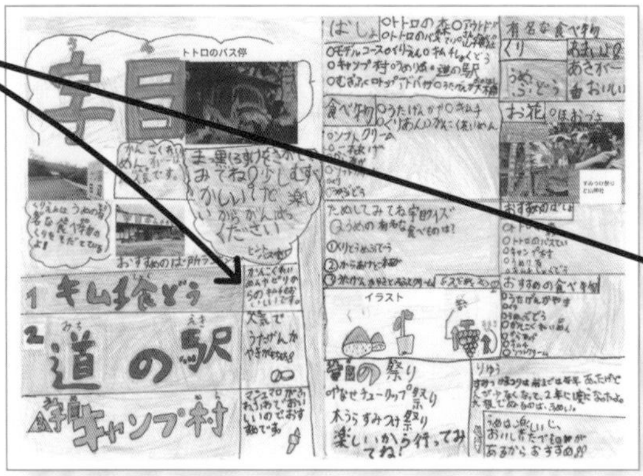

4ページ

順位《じゅんい》だけではなくて、おすすめする理由も書いてあるので、行ってみたくなるね。

5ページ

6ページ

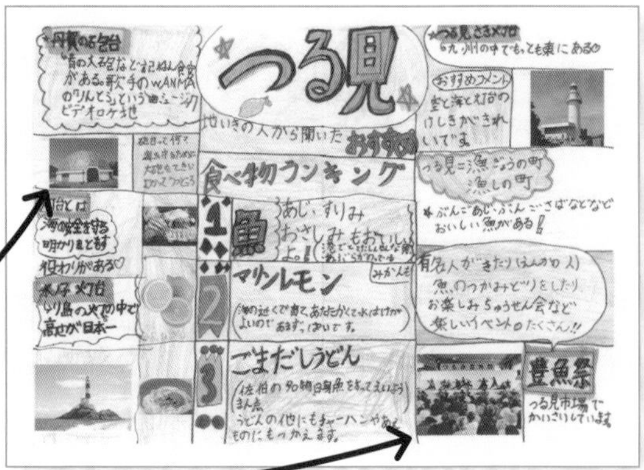

オレンジと青という、おたがいを引き立て合う色の組み合わせだから、見出しがとても目立っているよ。

写真がたくさん使われていて、どんな場所なのか想像《そうぞう》がしやすいね。

すてきな場所がたくさんあって、パンフレットを見ながらたずねてみたくなるね！

ひとつひとつに説《せつ》明《めい》がついているから、何の写真かわかりやすいね。

7ページ

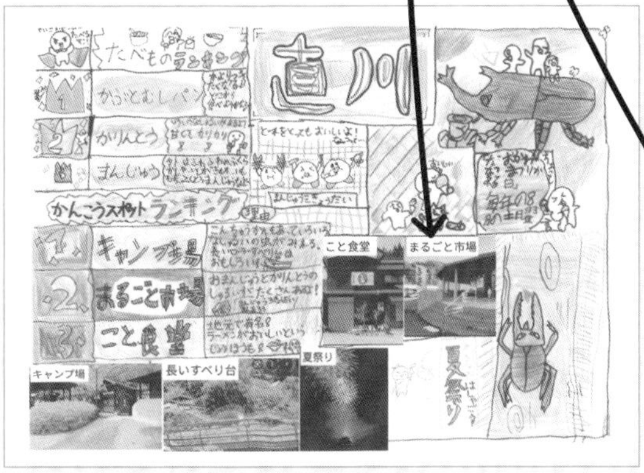

8ページ

9ページ

10ページ

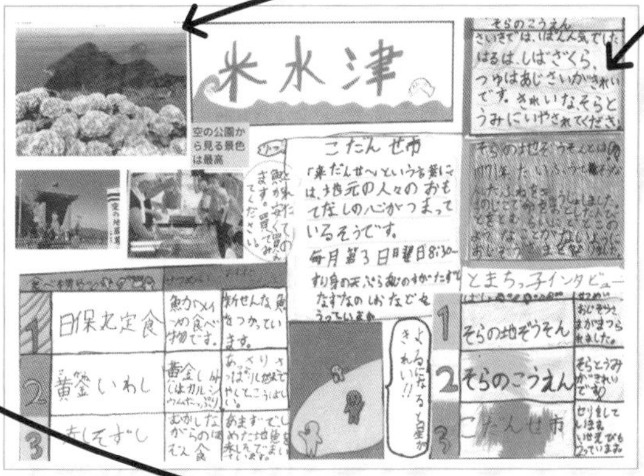

写真のあじさいの色と記事の色をそろえていて、統一《とういつ》感《かん》があるね。

それぞれの施設《しせつ》にくわしい説明《せつめい》が書いてあって、おすすめする気持ちが伝《つた》わるね。

11ページ

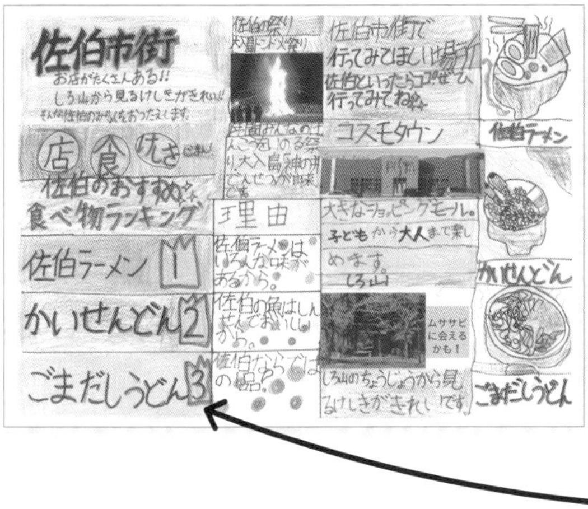

12ページ

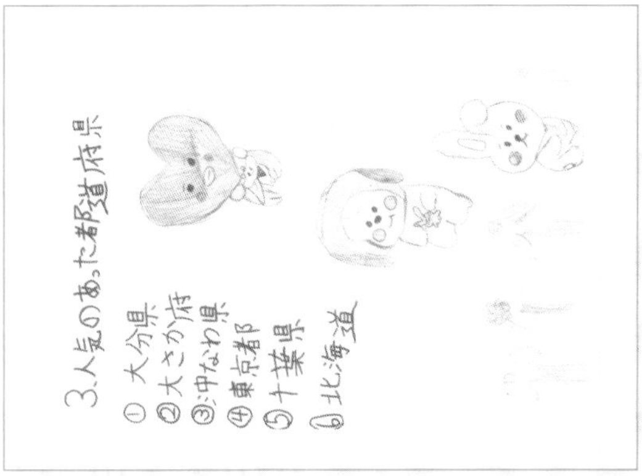

はっきりした色がたくさん使われていて、とても目を引くね。

ステップアップ！

図を使って伝《つた》えよう

文章だけで説明《せつめい》するよりも、図におこすと、よりわかりやすく伝《つた》えられることがあります。あらわしたい内容に合わせて、さまざまな図を使いこなせるといいですね。

朝の準備《じゅんび》を書いた文章を、図にしてみたよ！どちらがわかりやすいかな？

わたしは朝７時に起きて、歯をみがいて、顔をあらって、かみの毛をとかします。そのあと、朝ご飯を食べて、着がえます。そして８時に学校へ行きます。

朝７時に起きる
↓
歯をみがく
↓
顔をあらう
↓
かみの毛をとかす
↓
朝ごはんを食べる
↓
着がえる
↓
８時に学校へ行く

行動ごとに分けて、順番《じゅんばん》に並《なら》べたよ！

図のほうが、行動と順番《じゅんばん》がよりわかりやすいね！

順番《じゅんばん》がひと目でわかるね。絵や写真を使うときは、それが何を表すか、言葉をそえるとさらにわかりやすいね。

順番《じゅんばん》を表すとき

短い言葉や絵、写真を矢印《やじるし》でつなぐことで、一目で順番《じゅんばん》がわかります。

●順番《じゅんばん》を表す図

道具の移《うつ》り変《か》わり

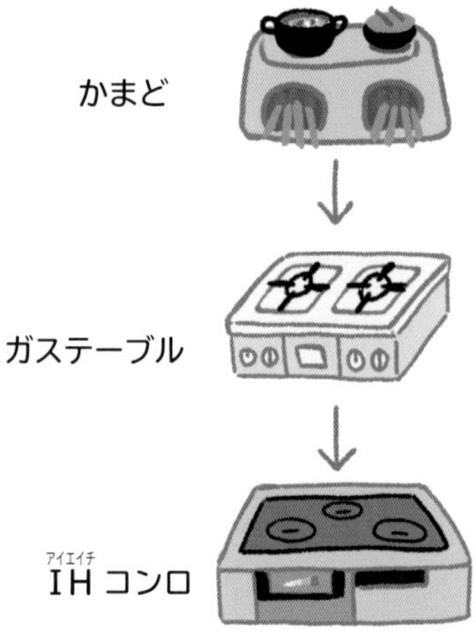
かまど
ガステーブル
IH《アイエイチ》コンロ

●くり返しを表す図

イネの１年

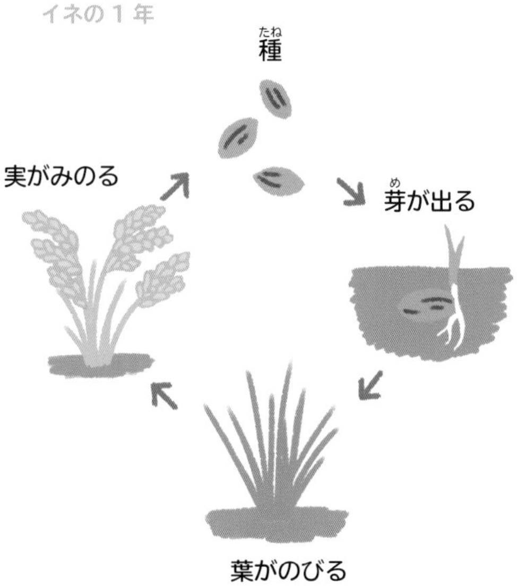
種《たね》
芽《め》が出る
葉がのびる
実がみのる

2つ以上《いじょう》のものを比《くら》べるとき

円などが重なっている部分とそれ以外《いがい》の部分で、ふたつ以上《いじょう》のものの共通《きょうつう》するところとちがうところを伝《つた》えることができます。このような図を「ベン図」といいます。

共通《きょうつう》するところとちがうところがわかる図

中国とアメリカの比較

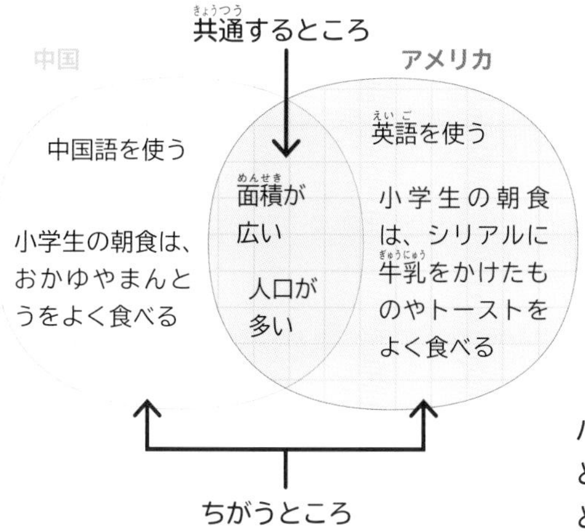

共通《きょうつう》するところ
中国
アメリカ
中国語を使う
小学生の朝食は、おかゆやまんとうをよく食べる
面積《めんせき》が広い
人口が多い
英語《えいご》を使う
小学生の朝食は、シリアルに牛乳《ぎゅうにゅう》をかけたものやトーストをよく食べる
ちがうところ

野球・バスケットボール・サッカーの比較

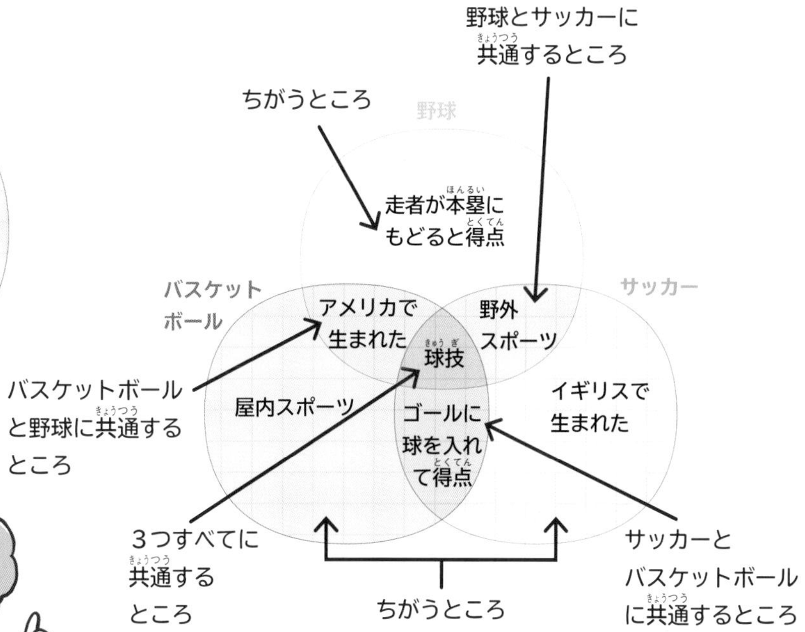

野球とサッカーに共通《きょうつう》するところ
ちがうところ
野球
走者が本塁《ほんるい》にもどると得点《とくてん》
バスケットボール
サッカー
アメリカで生まれた
野外スポーツ
球技《きゅうぎ》
屋内スポーツ
ゴールに球を入れて得点《とくてん》
イギリスで生まれた
バスケットボールと野球に共通《きょうつう》するところ
3つすべてに共通《きょうつう》するところ
ちがうところ
サッカーとバスケットボールに共通《きょうつう》するところ

重なっている部分が共通しているところ、重なっていない部分がちがうところなんだね。

観点《かんてん》を決めて比《くら》べる図

比《くら》べるもの

比《くら》べる観点《かんてん》

	テレビ	新聞
便利《べんり》なところ	●ニュースをすぐに伝《つた》えられる ●映像《えいぞう》と音声で伝《つた》える ●その場所の様子がよくわかる	●持ち運べる ●見出しを読めば、その日のニュースがわかる ●切りぬいて保存《ほぞん》することができる
不便《ふべん》なところ	●持ち運べない ●時間とともに番組が変《か》わるので、録画《ろくが》しないと、見返すことができない	●ニュースを伝《つた》えるまでに時間がかかる ●文字で伝《つた》えるので、細かいところはわかりづらい

短い言葉で箇条書《かじょうが》きにしよう。

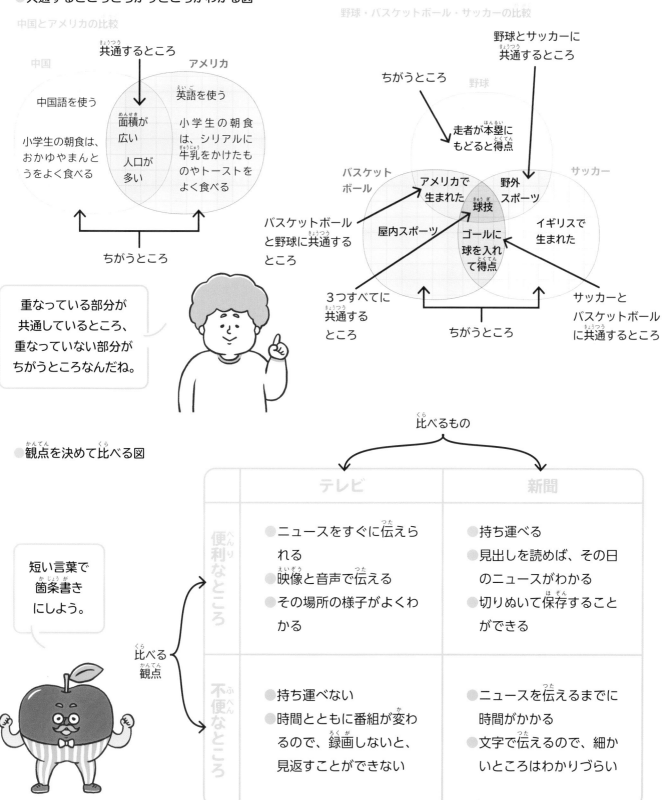

関係《かんけい》を表す図

いくつかのものの関係《かんけい》を、矢印《やじるし》などを使って表すことができます。

● 2つのものの関係《かんけい》を表す図

クマノミとイソギンチャクの助け合い

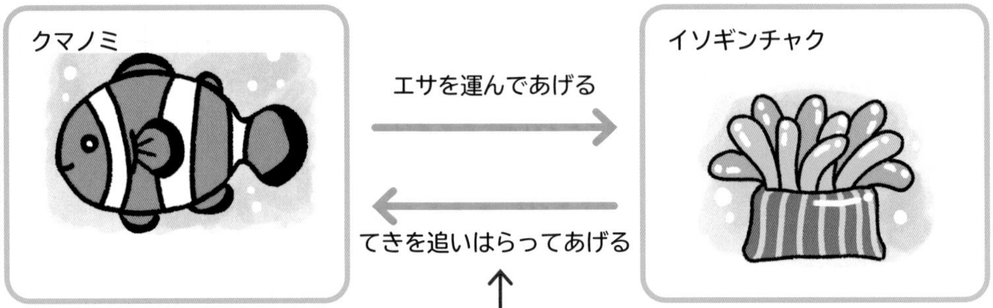
クマノミ
イソギンチャク
エサを運んであげる
てきを追いはらってあげる

それぞれがどう影響《えいきょう》するかを矢印《やじるし》で表します。

● 3つ以上のものの関係《かんけい》を表す図

三権分立《さんけんぶんりつ》の関係《かんけい》

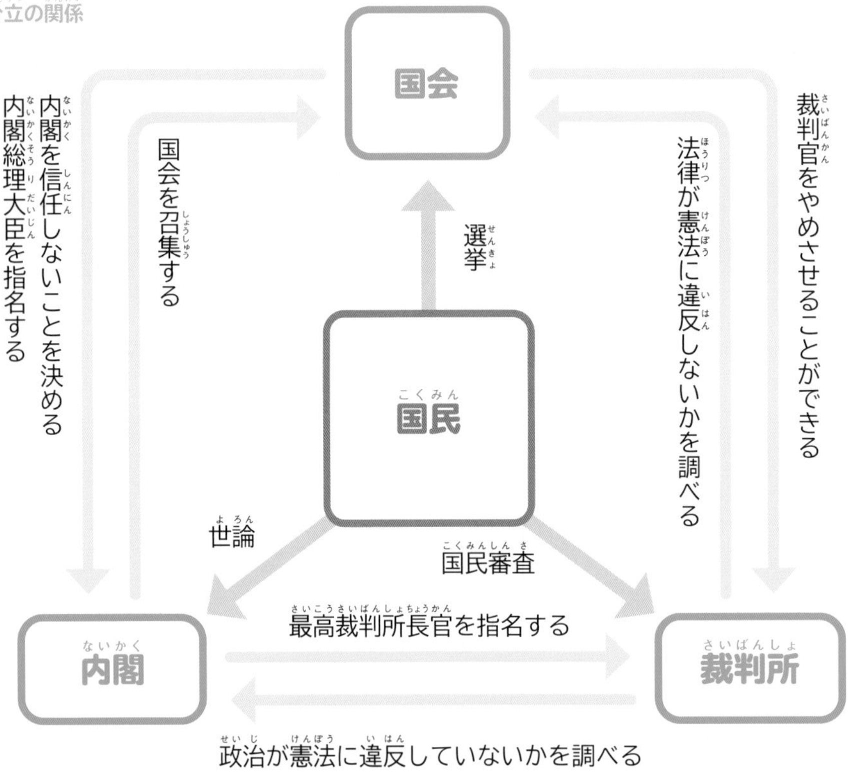
国会
国民《こくみん》
内閣《ないかく》
裁判所《さいばんしょ》
選挙《せんきょ》
世論《よろん》
国民審査《こくみんしんさ》
内閣《ないかく》を信任《しんにん》しないことを決める
内閣総理大臣《ないかくそうりだいじん》を指名する
国会を召集《しょうしゅう》する
法律《ほうりつ》が憲法《けんぽう》に違反《いはん》しないかを調べる
裁判官《さいばんかん》をやめさせることができる
最高裁判所長官《さいこうさいばんしょちょうかん》を指名する
政治《せいじ》が憲法《けんぽう》に違反《いはん》していないかを調べる

関係《かんけい》によって
矢印《やじるし》の種類《しゅるい》を変《か》える、
重要《じゅうよう》な存在《そんざい》は
大きく書くなど、
くふうしてみよう。

リーフレットや
パンフレットづくりに
使えるね！

新聞やポスター
にも取り入れて
みようかな！

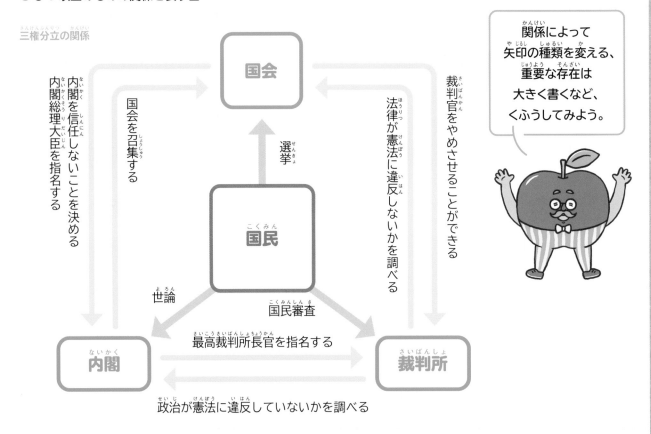

デジコラム パソコンやタブレットで図をかこう

パソコンやタブレットを使うと、簡単《かんたん》に線を引いたり、図の色を変《か》えたりできます。ここではGoogle《グーグル》スライド（→ 20 ページ）での図のかきかたを紹介《しょうかい》します。

1 かきたい図形を選《えら》んでかく

Google《グーグル》スライドの新しいスライドを開きます（20 ページ）。図形や線など、かきたいものを選《えら》び、かいていきます。

●図形をかくときは画面左上の「挿入《そうにゅう》」から「図形」を、線をかくときは「挿入《そうにゅう》」から「線」をクリック。それぞれ一覧《いちらん》の中からかきたいものを選《えら》びます。そのあと図形や線を入れたい場所をクリックして、そのまま動かすと図や線をかけます。

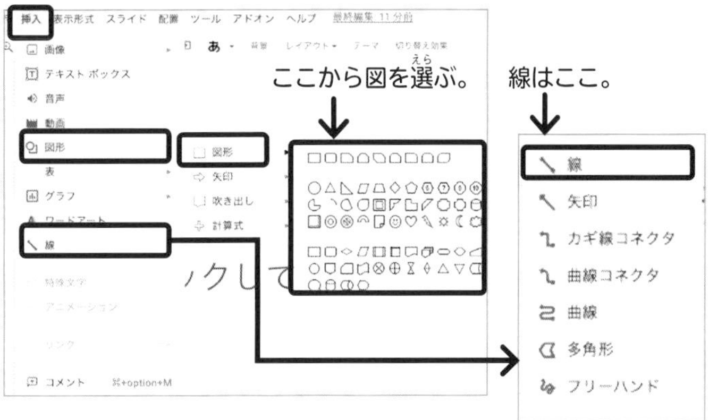
挿入
表示形式
スライド
配置
ツール
アドオン
ヘルプ
最終編集 11 分前
画像
テキスト ボックス
音声
動画
図形
表
グラフ
ワードアート
線
コメント
⌘+option+M
図形
矢印
吹き出し
計算式
ここから図を選《えら》ぶ。
線はここ。
線
矢印
カギ線コネクタ
曲線コネクタ
曲線
多角形
フリーハンド

2 図の大きさや色を変《か》える

図は、大きさや色を自由に変《か》えられます。図で表したい内容《ないよう》の量《りょう》や重要度《じゅうようど》によって、目立たせ方をくふうしてみましょう。

●図の大きさを変える

大きさを変《か》えたい図の上で一度クリックすると、図が青い線で囲《かこ》まれます。その線の角の■をクリックしたままななめに動かすと、大きさを変《か》えられます。

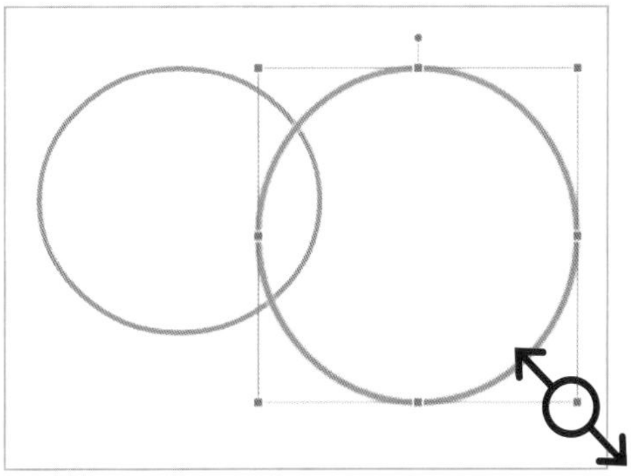
■を選《えら》んでドラッグする。

●図の色を変《か》える

図のどこかをクリックしてから、画面上の「塗《ぬ》りつぶしの色」「枠線《わくせん》の色」を選《えら》ぶと、図の中の色や、外側《そとがわ》の線の色を変《か》えられる。

「塗《ぬ》りつぶしの色」は図の中の色を変《か》えられる。
線の太さや種類《しゅるい》も変《か》えられる。
「枠線《わくせん》の色」は線の色を変《か》えられる。

コピーして使えるひながた

先生にコピーしてもらって使おう。
モノクロ印刷《いんさつ》でも使えるよ！

⬅ 9〜13ページで使用したリーフレット用割《わ》り付《つ》け用紙《ようし》

A《エー》4サイズの紙に、116％に拡大《かくだい》してコピーすると、ぴったり入ります。

ダウンロードして使ってみよう

ポプラ社のこの本の紹介《しょうかい》ページから、下のひながたのPDF《ピーディーエフ》データをダウンロードできます。パソコンやタブレットでアクセスしてみましょう。

手書きでもデジタルでも　まとめ・発表カンペキBOOK

で検索《けんさく》するか、次のURL《ユーアールエル》でページにアクセスしてみましょう。ダウンロードボタンはページ下部にあります。

www.poplar.co.jp/book/search/result/archive/7236.00.html

➡31〜35ページで使用したパンフレット用割《わ》り付《つ》け用紙《ようし》

A《エー》4サイズの紙に、125％に拡大《かくだい》してコピーすると、ぴったり入ります。

さくいん

あ

印刷《いんさつ》……19、20、21、22、23、25
インターネット……7、8、29、30、36
引用……36
うら表紙……6、9、12、13、15、21、23、24、31、33、34

か

ガイド……21、24
郷土料理《きょうどりょうり》……28、29
Google《グーグル》スライド……20、22、24、43
計画メモ……7
校正……12、23、33
小見出し……31、32、35

さ

冊子《さっし》……5
出典《しゅってん》……36
情報整理《じょうほうせいり》カード……8
スライド……20、21、22、24、43
清書《せいしょ》……12、33

た

たて書き……9、24、31
タブレット……7、8、9、20、29、43
著作権《ちょさくけん》……36
著作者《ちょさくしゃ》……36
著作物《ちょさくぶつ》……36
伝統工芸《でんとうこうげい》……4、6、7、8、10、11、12、14、16

は

パソコン……7、8、9、20、22、26、29、43
パンフレット……4、5、28、29、30、31、33
34、35、36、38、39、42

表紙……5、6、9、12、13、14、15、17、18、21
23、24、25、26、28、31、33、34、38
二《ふた》つ折《お》り……5、14、21
プレゼンテーション……24
編集会議《へんしゅうかいぎ》……28、29
編集会議《へんしゅうかいぎ》メモ……29
ホームページ……8、12

ま

Microsoft PowerPoint《マイクロソフト パワーポイント》……20、24、25
見出し……4、12、16、18、21、38、41
三《み》つ折《お》り……5、17

や

横書き……9、20、24、31

ら

リーフレット……4、5、6、7、9、10、12、15、16、17、18
19、20、21、24、25、26、28、36、42

わ

割《わ》り付《つ》け……6、9、20、24、28、31、32、33

この本で紹介《しょうかい》した作例《さくれい》一覧《いちらん》

ページ	タイトル	テーマ	学年
14	切子《きりこ》ガラス	日本の伝統工芸《でんとうこうげい》	4年
15	左官《さかん》	日本の伝統《でんとう》の技《わざ》	4年
16	箱根寄木細工《はこねよせぎざいく》	日本の伝統工芸《でんとうこうげい》	4年
16	輪島塗《わじまぬり》	日本の伝統工芸《でんとうこうげい》	4年
17	練馬大根《ねりまだいこん》で作る料理《りょうり》にみっちゃく	練馬大根《ねりまだいこん》	3年
18	海とわたしたち	海とわたしたち	5年
19	海とわたしたち	海とわたしたち	5年
26	今すぐしよう！　地震対策《じしんたいさく》	地震対策《じしんたいさく》	4年
27	巻《ま》き寿司《ずし》の秘密《ひみつ》！！	日本の伝統文化《でんとうぶんか》	6年
27	日本の弓道	日本の伝統文化《でんとうぶんか》	6年
27	和菓子《わがし》って、何？	日本の伝統文化《でんとうぶんか》	6年
37	知内《しりうち》はやっぱこれ！！	知内町《しりうちちょう》のよいところ	4年
38	佐伯旅行社《さいきりょこうしゃ》 さ・いきましょう！	大分県佐伯市《おおいたけんさいきし》	3年

監修 鎌田 和宏（かまた　かずひろ）

帝京大学教育学部初等教育学科教授。東京学芸大学附属世田谷小学校、筑波大学附属小学校の教諭を経て現職。専門分野は教育方法、社会科教育（生活科、総合的な学習の時間）、情報リテラシー教育。小学校社会科教科書の企画・執筆に関わる。著書に『小学校 新教科書 ここが変わった！社会　「主体的・対話的で深い学び」をめざす 新教科書の使い方』（日本標準）、『教室・学校図書館で育てる　小学生の情報リテラシー』、『入門　情報リテラシーを育てる授業づくり：教室・学校図書館・ネット空間を結んで』(少年写真新聞社)ほか。

装丁・本文デザイン：倉科明敏（T. デザイン室）
表紙・本文イラスト：めんたまんた
説明イラスト・図版：はやみ かな、野田浩樹（303BOOKS）
編集制作：常松心平、飯沼基子、伊田果奈、安部優薫（303BOOKS）
撮影：水落直紀（303BOOKS）
校正：鷗来堂
協力：松本博幸（千葉県印西市立原山小学校校長）

写真・作品提供：
愛媛県東温市立北吉井小学校
大分県佐伯市立渡町台小学校
鹿児島県霧島市立国分小学校
神奈川県川崎市立有馬小学校
佐伯市観光協会
埼玉県春日部市立備後小学校
しりうち観光推進機構
千葉県印西市立原山小学校
東京都練馬区立大泉第六小学校
北海道知内町立知内小学校
PIXTA

手書きでもデジタルでも　まとめ・発表カンペキBOOK❷

リーフレットやパンフレットで伝えよう

発　　行　2023年4月　第1刷

監　　修　鎌田和宏
発 行 者　千葉 均
編　　集　片岡陽子、浦野由美子
発 行 所　株式会社ポプラ社
〒102-8519　東京都千代田区麹町4-2-6
ホームページ　www.poplar.co.jp（ポプラ社）
kodomottolab.poplar.co.jp
(こどもっとラボ)
印刷・製本　大日本印刷株式会社

ISBN978-4-591-17627-6 / N.D.C. 375 / 47P / 29cm

P7236002

手書きでも　デジタルでも

まとめ・発表 カンペキBOOK

全5巻

監修　鎌田和宏
帝京大学教育学部
初等教育学科教授

❶新聞で伝えよう

❷リーフレットやパンフレットで伝えよう

❸ポスターで伝えよう

❹地図や年表で伝えよう

❺プレゼンテーションで伝えよう

- ▶小学校中学年～高学年向き
- ▶各47ページ A4変型判
- ▶N.D.C.375
- ▶オールカラー
- ▶図書館用特別堅牢製本図書